VINCENZO AMENDOLAGINE

COMPENDIO DI PSICOPEDAGOGIA SOCIALE

YOUCANPRINT

INDICE

Capitolo terzo

Capitolo quarto

INTRODUZIONE

Il libro si articola in quattro capitoli. Il primo si occupa della psicologia sociale, della pedagogia e della psicologia dell'educazione. Nello specifico, sono analizzati la psicologia sociale nei suoi diversi approcci (gestaltico, psicoanalitico, comportamentista e cognitivista), la pedagogia concepita come scienze dell'educazione, che ha l'obiettivo di delineare un progetto educativo per l'intero ciclo di vita dell'individuo, e la psicologia dell'educazione, intesa come scienza in grado di migliorare gli aspetti psicologici dei processi di insegnamento e di apprendimento.

Il secondo capitolo definisce dapprima il costrutto di gruppo sociale, successivamente prende in esame l'influenza sociale che si verifica fra i membri di un gruppo (facilitazione, inerzia, deindividualizzazione, polarizzazione). Nello stesso capitolo sono affrontati la cooperazione e la competizione, l'egoismo e l'altruismo, i comportamenti sociali e le attribuzioni, le dinamiche di gruppo, la comunicazione sociale, il benessere sociale e la conflittualità all'interno della società.

Nel capitolo terzo si delineano i paradigmi della psicopedagogia sociale nei contesti formativi. In questo ambito sono vagliati la psicologia motivazionale, gli stili attributivi, i pregiudizi e le interazioni sociali, gli stili di apprendimento, gli stili comunicazionali, i miti disfunzionali comunicazionali, l’apprendimento sociale nell’età evolutiva e l’organizzazione sociale.
Il capitolo quarto approfondisce la patologia dell’interazione sociale nei contesti lavorativi, esaminando le tematiche del mobbing e del burn - out.

CAPITOLO
PRIMO

PSICOLOGIA SOCIALE,
PEDAGOGIA
E
PSICOLOGIA DELL'EDUCAZIONE

1.1 La psicologia sociale

La dimensione sociale è sempre stata presente nei lavori dei diversi Autori che si sono occupati dello studio del comportamento umano. Nello specifico, la psicologia sociale si occupa prevalentemente di tale analisi.

Definizione di psicologia sociale

In altre parole, la psicologia sociale è quella scienza che studia il modo attraverso il quale la cognitività, le emozioni e le condotte di ogni singola persona sono modificate dall'esistenza di altri individui, con cui il singolo entra in contatto direttamente o indirettamente [1].

La psicologia sociale tributaria della psicologia generale e della sociologia

Essa è una scienza che deriva dall'intersezione della psicologia generale, che si occupa dello studio del comportamento umano e delle variabili cognitive ed emotive che lo influenzano, e della sociologia, che studia le società e i fenomeni sociali che in esse si verificano [1].

I diversi indirizzi della psicologia sociale

Nell'ambito della psicologia sociale esistono diversi modelli teorici che spiegano in maniera differente le interazioni che si realizzano fra l'individuo e la società e che si possono sintetizzare nei seguenti indirizzi:

- psicologia sociale ad approccio gestaltico;
- psicologia sociale ad approccio psicoanalitico;
- psicologia sociale ad approccio comportamentista;
- psicologia sociale ad approccio cognitivista.

Psicologia sociale ad approccio gestaltico

Secondo la psicologia della gestalt il compito della mente umana è quello di percepire la realtà come un qualcosa di organico e di ordinato, in cui tutte le parti, che la compongono, sono collegate l'una all'altra in un insieme che è provvisto di significato. In ragione di ciò, ogni individuo, che possiede un suo mondo, che è fatto di pensieri, emozioni e comportamenti, si comporta in maniera tale che ci sia sintonia fra questa sua realtà individuale e la realtà sociale. Per adempiere a tale compito, la persona attua una ristrutturazione del suo modo di essere, adeguandolo alla realtà [1].

Psicologia sociale ad approccio psicoanalitico

Secondo la psicologia sociale ad approccio psicoanalitico fra l'individuo e la realtà sociale in cui vive si crea un conflitto, che trae origine dal fatto che i bisogni dell'individuo, derivanti dal suo inconscio, spesso sono in contrasto con le norme che regolano il vivere sociale [1].

Psicologia sociale ad approccio comportamentista

Secondo la psicologia sociale ad approccio comportamentista l'ambiente sociale modella l'individuo, attraverso l'apprendimento. Tale processo può essere diretto e viene influenzato dal meccanismo delle ricompense e punizioni oppure indiretto attraverso l'osservazione del comportamento degli altri soggetti sociali con cui l'individuo entra in contatto [1].

Psicologia sociale ad approccio cognitivista

Secondo la psicologia sociale cognitivista il rapporto fra l'individuo e la sua società è influenzato dalla percezione che la persona ha degli altri individui che compongono il suo ambiente sociale. Tali percezioni generano le impressioni, da cui scaturiscono i giudizi sociali, i quali consentono di stabilire sintonia o distonia con l'ambiente sociale. Le percezioni, le impressioni e i giudizi sociali gli individui li traggono (inferenza) più dalle cognizioni, che costituiscono la loro mappa cognitiva, che dalla realtà sociale in sé. Questo determina frequentemente la nascita di stereotipi, ovvero concetti stabili sull'interpretazione della realtà, e di pregiudizi, in pratica idee preconcette che sono responsabili di atteggiamenti, giudizi e comportamenti falsati [1].

NOTE BIBLIOGRAFICHE E SITOGRAFICHE

1. Dèttore, D., Banchi Gelli, L., D'Imporzano, A. (1997). *Psicologia - I percorsi della mente*. Firenze: Le Monnier.

1.2 La pedagogia

La pedagogia ha avuto la sua origine allorquando le società si sono poste il problema di trasmettere alle nuove generazioni le conoscenze possedute, in modo da forgiare il futuro adulto.

La paideia

In virtù di questa finalità, gli antichi greci chiamavano paideia la pedagogia. In altre parole, con tale costrutto essi definivano la tecnica che serviva ad addestrare i bambini al ruolo di adulto. Per cui la vocazione originaria della pedagogia è stata quella di provvedere all'educazione dei fanciulli [1].

Da pedagogia a scienze dell'educazione

Con gli anni Settanta del secolo scorso si compie una rivoluzione, ovvero la pedagogia diventa scienze dell'educazione, fornendosi di un vero e proprio statuto epistemologico. In pratica, utilizzando le procedure delle scienze sperimentali, essa si occupa della persona nel corso della sua esistenza con l'obiettivo di mettere a punto un progetto di vita che tenga conto della sua individualità, esaltando le sue caratteristiche [1].
Attualmente, quindi, la pedagogia si interessa dei processi formativi che avvengono nel corso dell'intera vita, facendo in maniera tale che essi siano calibrati sulle reali esigenze dell'individuo e che siano il prodotto di un processo attivo compiuto dalla persona che apprende.

NOTE BIBLIOGRAFICHE E SITOGRAFICHE

1. Fragnito, R (senza data). *Introduzione alla pedagogia*. Napoli: Edizioni Unipegaso. http:www.unipegaso.it/materiali/PostLaurea/Fragnito/ModI/Lezione_I.pdf

1.3 La psicologia dell'educazione

La psicologia dell'educazione ha come oggetto di studio l'analisi delle dinamiche che si creano nell'ambito dell'insegnamento e dell'apprendimento con l'obiettivo di migliorarle.
Nell'ambito della storia della psicologia dell'educazione si possono riconoscere più approcci che si sono succeduti nel corso del tempo [1].

La psicologia dell'educazione di derivazione comportamentista

La prima psicologia dell'educazione deriva dalle teorizzazioni di Thorndike, che fra il 1910 e il 1921, pubblicò i tre volumi dell'opera Psicologia dell'Educazione [1]. Secondo le teorizzazioni di Thorndike il compito della psicologia dell'educazione era quello di applicare nei contesti di apprendimento le leggi che governano la psicologia generale. In questo caso si trattava di calibrare all'interno degli ambienti scolastici i costrutti che si andavano delineando nel campo del comportamentismo e che si coagulavano nelle variabili relative all'apprendimento nell'ambito del condizionamento rispondente ed operante [1].

La psicologia dell'educazione di derivazione cognitivista

Negli anni Sessanta e Settanta del secolo scorso si afferma la rivoluzione cognitivista in ambito psicologico, che si riflette anche all'interno della psicologia dell'educazione. Alla luce di ciò, nella contestualità di tale disciplina assume aspetto pregnante lo studio delle variabili che contraddistinguono alcuni atti legati all'apprendimento, quali il ricordare, il ragionare, il risolvere i problemi [1].

La psicologia dell'educazione di derivazione contestualista

Attualmente è subentrata una terza ottica che è attenta all'influenza che i contesti quotidiani, che si verificano negli ambienti scolastici, hanno sui processi di apprendimento, ovvero come influiscono sugli apprendimenti le interazioni sociali che si concretizzano nei contesti di apprendimento. Tale approccio risente delle teorizzazioni di Vigotskij, secondo cui le funzioni psicologiche superiori, come memoria, ragionamento, linguaggio e apprendimento, hanno il punto di partenza nelle attività quotidiane che caratterizzano i vari contesti di vita dell'individuo e che sono uno specchio della cultura vigente nella società. Le attività quotidiane si concretizzano, in pratica, nelle interazioni sociali che avvengono nei vari ambienti frequentati dall'individuo, compreso l'ambiente di apprendimento [1].

Interazioni sociali, pratiche sociali ed attività

Secondo Carugati e Selleri [1] le interazioni sociali sono caratterizzate da pratiche sociali che si concretizzano in attività. Queste possono essere suddivise in:

- attività finalizzate alla costruzione di significati da dare all'esperienze;

- attività orientate alla realizzazione di relazioni sociali;
- attività rivolte all'edificazione di immagini sociali di sé e degli altri;
- attività indirizzate ad implementare la cognitività dell'individuo.

NOTE BIBLIOGRAFICHE E SITOGRAFICHE

1. Carugati, F., Selleri, P. (2005). *Psicologia dell'educazione*. Bologna: Il Mulino.

CAPITOLO SECONDO

I GRUPPI SOCIALI

2.1 I gruppi sociali

I gruppi sociali possono essere classificati, seguendo la suddivisione di Dèttore, Banchi Gelli e D'Imporzano [1], in diverse tipologie.

Gruppo primario

- Il gruppo primario. È il gruppo sociale in cui l'individuo nasce. Si tratta, in pratica, della sua famiglia di origine.

Gruppo di appartenenza

- Il gruppo di appartenenza. Esso è rappresentato dal gruppo culturale nel quale l'individuo è inserito e che possiede le caratteristiche (tradizioni, lingua, costrutti ideologici) che si riconoscono nella persona stessa.

Gruppo di riferimento

- Il gruppo di riferimento. È il gruppo che per l'individuo costituisce un orientamento per le scelte, i bisogni e i desideri. Spesso il gruppo di riferimento coincide con il gruppo di appartenenza, altre volte invece i due gruppi non collimano. Questo avviene quando, per esempio, un figlio di immigrati ha come gruppo di appartenenza il proprio gruppo etnico e come gruppo di riferimento quello dei giovani nativi del luogo.

Gruppo formale

- Il gruppo formale. Esso è un aggregato che si forma per portare avanti degli scopi ben precisi, che possono essere culturali, religiosi o politici.

Gruppo informale

- Il gruppo informale. È un'organizzazione caratterizzata dal fatto che le persone si aggregano per promuovere i rapporti sociali fra di loro.

Il bisogno di appartenenza

Il gruppo esplicita il bisogno di appartenenza dell'essere umano. Tale funzione aggregante del gruppo riconosce alcune variabili, grazie alle quali i gruppi possono essere più o meno compatti.

Le variabili di compattezza del gruppo

Fra di esse, come Dèttore, Banchi Gelli e D'Imporzano [1] osservano, si possono citare alcune.

L'affinità di attività

- L'affinità di attività. In pratica, i membri del gruppo sono più uniti se svolgono delle attività simili.

La somiglianza fra i membri

- La somiglianza fra i membri. I gruppi appaiono più compatti, laddove i membri condividono la stessa ideologia della vita.

La numerosità degli affiliati

- La quantità dei suoi affiliati. Più un gruppo è numeroso, meno c'è unione fra i membri.

L'emarginazione sociale

- L'emarginazione dalla società. Un gruppo manifesta maggiore affiatamento fra i suoi affiliati, se esso occupa una posizione marginale all'interno della società.

L'avversario condiviso

- La percezione di un avversario condiviso incrementa la compattezza del gruppo. Il nemico collettivo serve per drenare la conflittualità che si crea fra i vari membri dell'organizzazione. In questa evenienza tale antagonista può essere chiamato capro espiatorio. Siffatta definizione linguistica deriva dall'arcaica tradizione di immolare un caprone, che le popolazioni antiche avevano, per placare l'ira degli dei, quando si presentavano dei periodi negativi (carestie, guerre ecc.).

Le caratteristiche del capro espiatorio

Il capro espiatorio è caratterizzato da una serie di variabili. In primo luogo tutti lo devono riconoscere, per cui sono preferibili quelle persone che hanno delle salienze ben individuabili (appartenenza etnica, tratti comportamentali ecc.). In secondo luogo, il capro espiatorio non deve avere potere o forza, in modo tale da non minare la stabilità e l'organizzazione del gruppo, del quale rappresenta il nemico.

La comunicazione gruppale

Riguardo alla comunicazione gruppale, Bavelas [2] sostiene che all'interno del gruppo ci sono delle reti comunicazionali, che possono agevolare o ostacolare il flusso delle informazioni fra i vari membri. Tali strutture comunicazionali possono essere di diverso tipo.

Comunicazione orizzontale

- Orizzontali, nelle quali tutti i componenti possono comunicare liberamente fra di loro. Tali reti incrementano il benessere percepito dagli affiliati.

Comunicazione verticale

- Verticali, nelle quali il leader, in maniera preponderante, ha la possibilità di comunicare con tutti gli appartenenti al gruppo. Questo tipo di organizzazione comunicazionale implementa la funzionalità del gruppo.

NOTE BIBLIOGRAFICHE E SITOGRAFICHE

1. Dèttore, D., Banchi Gelli, L., D'Imporzano, A. (1997). *Psicologia - I percorsi della mente*. Firenze: Le Monnier.

2. Citato in Dèttore, D., Banchi Gelli, L., D'Imporzano, A., *op. cit.*.

2.2 Gruppi e influenza sociale

Spesso il gruppo è chiamato a svolgere dei compiti specifici. Nell'adempimento di tali mansioni il gruppo esercita la sua influenza. Tale azione può esplicarsi con diverse modalità.

La facilitazione sociale

Per facilitazione sociale si connota il fenomeno secondo il quale le performance dei singoli sono migliorate grazie alla presenza degli altri membri del gruppo. Tale vantaggio si mette in evidenza allorquando il problema da risolvere è abbastanza semplice. Se l'obiettivo che il gruppo si pone è più complesso, le performance individuali peggiorano. Tale fenomeno è spiegabile attraverso il concetto di eccitazione. In pratica, l'individuo in presenza di altri prova una forma di agitazione benefica che migliora il suo impegno, laddove ritiene che il compito da svolgere sia alla sua portata. Al contrario se pensa che la problematica da risolvere è troppo complessa, al di sopra delle sue possibilità, l'eccitazione diviene un ostacolo che influisce negativamente sulle sue prestazioni [1].

Le ipotesi alla base della facilitazione sociale

Per spiegare queste variazioni nelle performance sono state formulate diverse ipotesi. In altri termini, la presenza degli altri migliora le prestazioni del singolo, in quanto viene attivata la sua attenzione con la finalità di essere all'altezza della situazione. D'altra parte, se la presenza dell'altro è intesa come un costrutto giudicante, essa ha il potere di intralciare il lavoro del singolo, distraendolo dalla soluzione del problema [1].

L'inerzia sociale

Con il termine di inerzia sociale si descrive il fenomeno contrario, ovvero il singolo nel lavoro di gruppo può peggiorare le sue performance, in quanto si adagia sul lavoro fatto dagli altri. Nello specifico, l'impegno che egli mette è decisamente inferiore rispetto a quello che avrebbe utilizzato se avesse lavorato da solo [1].

La deindividualizzazione

Nel gruppo può avvenire un altro fenomeno denominato deindividualizzazione. In pratica, nell'ambito di un'organizzazione gruppale, l'individuo perde la percezione di sé in quanto singolo e questo determina, per esempio, una variazione nei suoi comportamenti. In altre parole, la persona fa delle cose che in quanto individuo, al di fuori del gruppo, non avrebbe mai compiuto [1].

La polarizzazione

Con il termine di polarizzazione di gruppo si intende quel fenomeno per cui nel gruppo vengono prese delle decisioni o adottate delle condotte che estremizzano quelle dei singoli. In altri termini, se nel gruppo sono presenti degli individui con una ideologia xenofobica, il pensiero o la condotta del gruppo diviene più xenofobica di quella dei singoli membri xenofobici.

Questo avviene perché tutti i membri, attraverso i processi persuasivi attuati dai singoli, diventano xenofobici. Quelli che sono stati convinti a cambiare opinione mostrano una xenofobia più radicale degli xenofobi della prima ora [1].

NOTE BIBLIOGRAFICHE E SITOGRAFICHE

1. Aronson, E., Wilson, T. D., Akert, R. M. (2010). *Psicologia sociale*. Bologna: Il Mulino.

2.3 Cooperazione e competizione, egoismo ed altruismo

Nell'ambito del gruppo sociale, fra gli individui che lo compongono, si mettono in moto, spesso, azioni che possono avere una valenza cooperativa o competitiva.

Definizione di cooperazione

Per cooperazione si devono intendere quei comportamenti che hanno come obiettivo finale un vantaggio per tutto il gruppo.

Definizione di competizione

Con il termine di competizione si comprendono quelle condotte che hanno come priorità l'interesse del singolo.

I fattori che favoriscono la cooperazione o la competizione

Esistono dei fattori che favoriscono la cooperazione o la competizione. A tal riguardo si possono fare alcune considerazioni.

- La cooperazione si verifica, con maggiore frequenza, allorquando esistono degli interessi comuni fra gli individui che fanno parte del gruppo.

- Laddove il raggiungimento di uno scopo personale ha dei vantaggi maggiori e più immediati rispetto ad un obiettivo di gruppo si crea competizione fra i membri.

- Si ha più facilmente un comportamento cooperativo nelle situazioni in cui è prevista una ricompensa collettiva di elevato valore.

- I comportamenti cooperativi compaiono più agevolmente fra i membri di un gruppo, nel quale c'è una buona comunicazione e ci sono diverse occasioni per esprimersi;

- La cooperazione o la competizione dipendono dalla percezione che ogni individuo ha degli altri membri del gruppo. In pratica, i soggetti che per natura tendono ad essere cooperativi possono pensare che gli altri componenti possono comportarsi sia in maniera cooperativa che competitiva. Gli individui che sono competitivi ritengono che anche le altre persone del gruppo si comportano solo in maniera competitiva. Alla base di tale modo diverso di percepire il comportamento degli altri c'è un'ideologia differente della vita. In altre parole, la persona competitiva ha una sua visione della realtà che è completamente dissimile da quella della persona cooperativa. Inoltre, l'individuo competitivo determina con il suo pensiero una autoprofezia che si avvera, ovvero agisce in modo tale che il suo atteggiamento incentiva negli altri la nascita di comportamenti competitivi [1].

Definizione di egoismo

Per egoismo intendiamo quell'atteggiamento dell'individuo che lo porta a compiere delle azioni per il proprio tornaconto [1].

Definizione di altruismo

Con il termine altruismo definiamo, genericamente, quelle condotte che hanno come obiettivo il benessere di un'altra persona [1].

I fattori che incentivano l'altruismo e l'egoismo

Riguardo ai comportamenti altruisti o egoisti si possono compiere le seguenti riflessioni.

- Spesso le condotte altruiste o egoiste di un singolo si rendono evidenti allorquando c'è una richiesta di aiuto da parte di un altro individuo. Solitamente succede che le persone sono colpite da quello che di negativo accade ad un'altra persona, ma sono abbastanza restie ad attuare delle condotte che abbiano come fine il supporto concreto. Per esempio, nel caso in cui una persona abbia un malore, gli individui estranei che si trovano intorno a lei non intervengono facilmente in suo soccorso. Ognuno vede la reazione dell'altro, facendo il ragionamento egoistico "*perché dovrei intervenire io, visto che nessuno si adopera per prestare soccorso?*" I comportamenti altruistici si mettono in moto più facilmente quando chi assiste al malore si trova da solo. In questo caso è molto probabile che “lo spettatore” offra tutta l’assistenza possibile all’infortunato [1].

- Solitamente le condotte altruiste sono più frequentemente attuate laddove non comportano nessuna spesa in denaro per chi le compie [1].

- Un individuo si adopera più facilmente per un’altra persona quando questa gli spiega le ragioni della sua richiesta d’aiuto [1].

- Un individuo è più indotto a comportamenti altruistici nel momento in cui vede che persone affini a lui per posizione economica o per appartenenza sociale tendono a comportarsi in maniera analoga [1].

NOTE BIBLIOGRAFICHE E SITOGRAFICHE

1. Cuomo, M. (2012). *Elementi di psicologia sociale*. Roma: Edizioni For.Com..

2.4 Comportamenti sociali e attribuzioni

Le condotte che un individuo adotta nei confronti di un altro dipendono da diversi fattori, quali:

- la percezione che si ha di questa persona;
- l'analisi dei comportamenti che hanno caratterizzato nel passato l'individuo che si prende in esame;
- gli ipotetici modi di agire che si pensa possano contraddistinguere nel futuro il soggetto considerato [1].

Le variabili del comportamento sociale

In pratica, il comportamento di una persona nei confronti di un'altra deriva dalla considerazione di quello che questo individuo è, di quello che ha fatto e di quello che farà.

L'attribuzione interpersonale

Normalmente gli individui conoscono gli altri attraverso un processo di attribuzione interpersonale. Con tale termine si vuole intendere quel meccanismo di conoscenza determinato dalla prima impressione che si ha di un'altra persona. Da questa primigenia percezione, derivante dall'osservazione del comportamento, discendono le ipotetiche informazioni sull'altro, ovvero di come è fatto, dei suoi limiti, delle sue potenzialità, delle sue capacità e dei suoi comportamenti [1].

Le persone tendono ad attuare le attribuzioni interpersonali, in quanto questo permette di capire meglio la realtà sociale.

Le inferenze

Il processo di attribuzione interpersonale è figlio della teoria dell'attribuzione, formulata da Heider [2], che illustra come le persone ottengono ragguagli sulla personalità altrui (inferenze), osservandone i comportamenti.

La causalità personale e impersonale

Quando un individuo analizza la condotta di un altro, la prima cosa che fa è stabilire la causalità che alla base di quel comportamento, ovvero se esso dipende da una disposizione caratteriale della persona (causalità personale) o è dovuto a cause di forza maggiore (causalità impersonale). Solitamente i comportamenti che si ripetono spesso propendono ad essere attribuiti a caratteristiche della persona e quindi riconoscono una causalità personale, quelli, invece, più sporadici e infrequenti tendono ad essere ascritti a delle variabili contestuali non dipendenti dalla persona, per cui riconoscono una causalità interpersonale [1].
Le attribuzioni, che si fanno su di una altra persona, per essere vere devono obbedire ad alcuni parametri, che, come Cuomo [1] sottolinea, sono essenzialmente quattro.

La specificità

- La specificità, ovvero l'attribuzione di tratto caratteriale è un qualcosa di specifico che dipende dalla persona che si analizza. Nel momento in cui si esamina un'altra persona probabilmente quel tratto caratteriale non può essere più attribuito. Per esempio se l'individuo A definisce l'individuo B violento, ciò deriva dal fatto che conosce persone che qualificherebbe come non violente. In virtù di ciò egli può dire che l'individuo B è violento, mentre l'individuo C, che conosce, non è affatto violento.

Il consenso

- Il consenso, cioè se un soggetto percepisce un altro individuo in una certa maniera, tale percezione o attribuzione per essere vera e, quindi, credibile per chi la pensa deve essere condivisa da un numero significativo di persone. In altre parole, se la persona A percepisce la persona B come altruista, tale percezione diventa attendibile per la persona A se essa è condivisa anche dalle persone C e D.

La coerenza nel tempo

- La coerenza nel tempo, ovvero se si attribuisce un tratto caratteriale ad un individuo osservandone i comportamenti, tale tratto dovrebbe comunque persistere, analizzando le sue condotte anche in momenti successivi. Per esempio, se l'individuo A ha osservato i comportamenti del passato dell'individuo B, deducendo che egli è generoso, tale generosità dovrebbe venir fuori anche esaminando le condotte del presente.

La coerenza nella modalità

- La coerenza nella modalità, ossia l'attribuzione di una caratteristica ad una persona non dipende dal modo con cui è stata fatta l'osservazione, ma deve essere valida anche quando l'osservazione viene svolta con altre modalità. Se definiamo una persona egoista, tale tratto caratteriale lo potremmo osservare quando sottoponiamo la persona ad un esperimento in un laboratorio, ma anche quando lo analizziamo nella vita di tutti i giorni.

Le attribuzioni di responsabilità

Allorquando si osservano le azioni compiute da altri, la prima cosa che si fa è l'attribuzione della responsabilità, ovvero stabiliamo se quella condotta è avvenuta perché sintonica con la personalità di chi l'ha compiuta e quindi frutto della sua intenzionalità oppure è legata alle circostanze ambientali.

Le inferenze positive e negative

A seconda delle conseguenze che produce tale comportamento siamo indotti a trarre delle inferenze sulla persona. In pratica, se l'azione ha prodotto conseguenze positive si è portati ad avere un'immagine positiva di chi l'ha compiuta, se invece i prodotti di tale condotta sono negativi tendiamo ad avere una percezione negativa di chi l'ha messa in atto.

Conoscenza dei comportamenti e complessità sociale

Il problema di fondo che ogni persona si pone è quello di capire la complessità sociale per renderla più intellegibile e, quindi, più rassicurante. Questa è la ragione che spinge a capire e ad interpretare il comportamento degli altri. Di fronte a qualcosa che accade stabiliamo sempre se l'attore che l'ha compiuta l'ha fatta per una sua caratteristica di personalità o è stato coinvolto dalle circostanze. Si è portati, come si è detto, ad attribuire ai tratti caratteriali i comportamenti che la persona è orientata a ripetere anche in altre circostanze.

La discrepanza cognitiva

L'attribuzione di responsabilità viene compiuta anche sulle azioni di cui siamo i protagonisti e di cui altri sono gli spettatori. Di solito esiste una discrepanza cognitiva nel percepire la responsabilità di un'azione fra attore e spettatore. L'attore tende più facilmente ad attribuire la responsabilità delle sue azioni alle circostanze ambientali, mentre lo spettatore è più portato ad attribuire la responsabilità di quanto è accaduto alle caratteristiche di personalità dell'attore [1].

Interazioni sociali e comportamenti

Nelle interazioni sociali i comportamenti del singolo nei confronti dell'alterità dipendono dalle percezioni che ciascuno ha dell'altro. Laddove si pensa che una persona è altruista, si tenderà ad analizzare il comportamento della persona per trovare tutti gli indizi, a volte distorcendo la realtà, che confermano la nostra ipotesi. Tale costrutto, poi, dirige i comportamenti che si hanno nei confronti del soggetto. In pratica, se pensiamo che una persona è altruista tenderemo ad essere anche noi altruisti nei suoi confronti [1].

I comportamenti interindividuali

Si definisce comportamento interindividuale quello che avviene fra due o più persone ed è connotato dalle loro caratteristiche personali piuttosto che dall'appartenenza ad un gruppo sociale. Un esempio di tale comportamento è rappresentato dalla interazione che avviene fra due amici, anche se uno fa parte dell'etnia dei bianchi e l'altro di quella delle persone di colore [1].

I comportamenti intergruppo

Si usa la definizione di comportamento intergruppo quando l'interazione fra due o più persone è connotata dall'appartenenza ad un gruppo sociale e non dalle caratteristiche personali. Un esempio di tale interazione è rappresentata da un'azione sindacale svolta da un operaio nei confronti del proprio datore di lavoro. In questo caso il comportamento di entrambi è determinato dal fatto di appartenere a due gruppi sociali differenti, ovvero quello dei lavoratori e quello degli imprenditori.

I meccanismi di categorizzazione sociale

L'uomo, come si è detto, ha sempre bisogno di capire la realtà che lo circonda, in maniera da rendere più intellegibile e rassicurante il suo rapporto con la quotidianità.
Per capire la realtà sociale, si usa scinderla in categorie. In altre parole, si tende a suddividere la realtà sociale in insiemi logici. Gli elementi che fanno parte dello stesso insieme o categoria sociale condividono delle caratteristiche che li accomunano. Si creano, così, varie categorie sociali. Per esempio la categoria sociale degli imprenditori è vissuta come un insieme di persone che condivide alcune peculiarità, quali il dirigere degli altri individui, l'avere un ruolo produttivo attivo, l'avere una certa disponibilità di mezzi economici.

L'identificazione sociale

Connesso a tale processo di categorizzazione sociale, esiste la procedura dell'identificazione sociale, che è alla base dell'identità sociale. In pratica, ogni individuo può sentire di appartenere ad una o più categorie sociali e questo è necessario per costruire la propria identità sociale, che dirige frequentemente il modo di pensare, di comportarsi e lo stile di vita [1].

Identità sociale e confronto sociale

L'identità sociale e, quindi, il senso di appartenenza ad un gruppo sociale nasce anche da un altro processo che si può definire confronto sociale. In altri termini, un individuo sa di appartenere ad un gruppo sociale e questo determina la sua identità sociale. Ciò è possibile perché nella realtà sociale esistono degli altri gruppi sociali dei quali l'individuo non fa parte e che hanno delle caratteristiche differenti. In ultima analisi, una persona fa parte della categoria sociale degli immigrati proprio perché nella realtà in cui vive esiste la categoria sociale dei nativi del luogo. Le due categorie hanno identità sociali differenti con modi diversi di condurre la vita.

NOTE BIBLIOGRAFICHE E SITOGRAFICHE

1. Cuomo, M. (2012). *Elementi di psicologia sociale*. Roma: Edizioni For.Com..

2. Citato in Cuomo, M., *op. cit.*.

2.5 Le dinamiche di gruppo

La vita di ogni individuo si concretizza per la maggior parte del tempo all'interno di un gruppo sociale.

Definizione di gruppo

Possiamo definire il gruppo come un aggregato di individui che hanno la percezione di far parte di una stessa categoria sociale e tale categoria è riconosciuta da altri individui che non fanno parte del gruppo [1].

I cambiamenti individuali

Il far parte di un gruppo sociale determina nell'individuo alcuni cambiamenti che si strutturano a diversi livelli.

- La persona cambia, per mezzo dell'adesione ad un gruppo, la percezione sociale di sé.

- L'appartenenza ad un'organizzazione determina la nascita di emozioni che sono connesse al prestigio sociale di cui gode il gruppo. Maggiore è il prestigio sociale e più nascono emozioni positive.

L'interdipendenza all'interno del gruppo

Nel gruppo esiste una interdipendenza fra i vari individui. Tale costrutto ha una duplice caratterizzazione.
Infatti, l'interdipendenza si struttura su due livelli.

- Interdipendenza di destino, ovvero tutti gli appartenenti al gruppo condividono un destino comune.

- Interdipendenza di compito. In pratica, il gruppo si pone degli obiettivi, la cui realizzazione comporta una connessione fra i compiti dei singoli [1].

I comportamenti gruppali

All'interno del gruppo sociale si possono mettere in evidenza due tipi di comportamenti.

- Comportamenti strumentali, in cui tutte le energie dei componenti del gruppo sono orientate al raggiungimento di un obiettivo.

- Comportamenti espressivi, nei quali le risorse del gruppo sono orientate all'analisi degli eventi socio-emozionali che accadono nell'organizzazione gruppale.

Le fasi del raggiungimento di un obiettivo gruppale

Allorquando un gruppo si propone di raggiungere un obiettivo, si verificano tre momenti procedurali.

- L'orientamento. In tale fase i membri del gruppo raccolgono tutte le informazioni che possono essere utilizzate per il raggiungimento del risultato.

- La valutazione, in cui il materiale informativo raccolto viene valutato e quindi selezionato.

- Il controllo, che consiste nel vagliare le procedure strumentali che si sono avviate.

Dinamiche di gruppo e attività

Nel gruppo che ha fra le sue finalità la produzione di attività e quindi di risultati concreti, si possono notare, come la Todini [1] avverte, alcune caratteristiche:

- fra i vari membri, ci sono alcuni che appaiono più attivi di altri, prendendo più di frequente la parola nelle discussioni;

- chi interviene più spesso viene valutato con più attenzione dagli altri membri;

- in un gruppo più consistente dal punto di vista numerico, c'è sempre un membro che tende a svolgere, anche senza nessuna investitura, il ruolo di leader;

- analizzando i vari comportamenti messi in atto nel gruppo, si può osservare che i due terzi delle condotte gruppali sono orientate verso comportamenti strumentali e un terzo verso comportamenti espressivi, che possono mettere in moto emozioni sia positive che negative.

Le norme che governano il gruppo

Ogni gruppo sociale possiede delle norme che governano i vari comportamenti, che si esplicitano all'interno o all'esterno del gruppo.

In altre parole, le norme non sono altro che regole che i componenti si impegnano a seguire. Il fatto che un gruppo abbia delle procedure da seguire nelle varie circostanze è un fatto estremamente positivo, in quanto il sistema di regole funge da collante per l'identità del gruppo e offre delle metodologie da seguire allorquando si presentano contesti esperienziali nuovi o mal definiti. Nella maggior parte dei casi le norme che governano un gruppo sono sintoniche con le finalità dell'organizzazione [1].

La latitudine di accettazione

Nel gruppo esiste una latitudine di accettazione, che rappresenta l'elasticità nei confronti del singolo riguardo al seguire le norme comuni. In pratica, la latitudine di accettazione rappresenta lo spazio concesso ai singoli come libertà di manovra.
Di solito questo margine è maggiore per quei membri che hanno uno status sociale più elevato all'interno dell'organizzazione [1].

I ruoli all'interno del gruppo

Nell'ambito di un gruppo sociale strutturato ogni membro ha un suo ruolo. Con tale costrutto si intende l'insieme di compiti che caratterizza ogni persona che fa parte dell'aggregato. In ogni individuo si possono mettere in evidenza due approcci differenti alla realizzazione del proprio ruolo.

Gli specialisti nel compito

Ci possono essere persone che svolgono il proprio ruolo, in maniera da essere orientati prevalentemente alla realizzazione del compito che il gruppo si è proposto. Tali individui sono denominati specialisti nel compito.

Gli specialisti nell'aspetto socio - emozionale

Ci sono, invece, altri membri del gruppo che tengono conto prevalentemente dell'aspetto emotivo - relazionale e per tale ragione sono chiamati specialisti nell'aspetto socio-emozionale.

La ripartizione dei ruoli

La distribuzione dei ruoli all'interno del gruppo ha una sua utilità. Infatti, grazie a tale ripartizione si hanno alcuni vantaggi.

- C'è una migliore assegnazione dei compiti, in base alle competenze di ciascuno.

- Si evita il sovraccarico cognitivo della persona che dirige il gruppo [1].

Lo status

Connesso al concetto di ruolo c'è quello di status. Con tale costrutto si intendono le aspettative positive o i vantaggi che caratterizzano un determinato ruolo. Più è elevato lo status sociale di un individuo all'interno del gruppo e più gli altri membri tendono a dare maggiore credito a quello che egli dice o fa [1].

Il confronto sociale

Secondo Festinger [2] ogni individuo, che fa parte di un aggregato sociale, tende all'autovalutazione di se stesso, ovvero a stabilire il valore delle proprie idee e capacità, e questo avviene attraverso un processo denominato confronto sociale. In tale procedura egli utilizza gli altri come fonte per le informazioni che lo riguardano e che determinano quindi il suo valore come persona. Solitamente ogni persona tende a confrontarsi con persone di valore inferiore, perché questo incrementa la sua autostima. D'altra parte, all'interno del gruppo sono valorizzate le performance migliori che ogni membro produce e questo, secondo Festinger, determina una competizione fra i vari componenti, con l'intento di superare chi ha prodotto il risultato migliore. Tale elemento diventa un fattore destabilizzante, creando una lotta per la conquista di uno status sociale più elevato all'interno dell'organizzazione.

Il processo di leadership

Riguardo alla leadership del gruppo, si definisce processo di leadership l'insieme delle connessioni che legano il leader ai componenti del gruppo. Di solito il leader ha un'influenza sociale maggiore rispetto agli altri membri [1].

Le teorie della leadership

Relativamente alle procedure che portano alla nascita di una leadership, esse possono essere differenti. Riguardo alle teorie che spiegano e qualificano l'esercizio della leadership, si possono citare:

- la teoria psicologica, secondo la quale il leader migliore è quello che ha un maggiore carisma personale, derivante dai tratti della sua personalità;

- la teoria funzionale, che indica il leader migliore nella persona che è più dotata nell'ambito delle competenze, conoscenze, capacità e abilità e che, quindi, possiede le strumentalità per giungere agli obiettivi che costituiscono il compito del gruppo;

- la teoria del benessere sociale, secondo cui il leader migliore è quello che riesce a creare un clima sociale positivo all'interno del gruppo, cosa che migliora le emozioni provate dai vari membri e il rendimento di ognuno di loro [1].

Le variabili del gruppo che migliorano l'attività del leader

Secondo Fiedler [3] l'attività di un leader è migliorata da alcune variabili del gruppo, quali:

- l'atmosfera del gruppo. In pratica, laddove il gruppo è in grado di creare un clima di lealtà, fiducia e affetto nei confronti del leader, egli sarà in grado di gestire meglio l'organizzazione;

- la struttura del compito, ovvero più il gruppo è competente nei compiti richiesti e possiede delle procedure validate per raggiungere lo scopo che si è prefissato e più il leader sarà agevolato nell'esercizio della leadership;

- il possesso del potere, ossia più il leader ha potere di elargire incentivi o sanzioni e più migliora il compimento del suo ruolo.

La credibilità sociale del leader

Un'altra caratteristica che contraddistingue il leader è la credibilità sociale che egli possiede nei confronti del gruppo. Tale credibilità riconosce alcuni parametri procedurali:

- il rispetto delle regole già presenti in un gruppo, che cambia leader, incrementa la credibilità del nuovo leader;

- il realizzare gli scopi che il gruppo si è prefissato migliora la percezione sociale del leader da parte dei componenti del gruppo;

- il leader eletto democraticamente dai membri di un'organizzazione ha maggiore seguito e stima;

- laddove il leader assimila l'ideologia del gruppo, riconoscendo i valori del gruppo come propri, migliora la sua reputazione sociale [1].

NOTE BIBLIOGRAFICHE E SITOGRAFICHE

1. Todini, G. (2006). *Dinamiche di gruppo e processi di socializzazione*. Roma: Edizioni For.Com..

2. Citato in Todini, G., *op. cit.*.

3. Citato in Todini, G., *op. cit.*.

2.6 Socializzazione, relazioni interpersonali, comunicazione e complessità sociale

Ogni attività compiuta dall'uomo con il passare del tempo tende a diventare un'abitudine, man mano che viene esperita nella realtà. Con l'abituazione le abitudini si cristallizzano in stili di vita, che costituiscono le istituzioni di un contesto culturale. Tali organismi sociali, così determinati nel corso del tempo, hanno lo scopo di controllare il comportamento umano in maniera che esso obbedisca a dei range di normalità sintonici con la cultura dominante in quel contesto.

Le routine

In questa maniera si creano le routine, che hanno anche lo scopo di economizzare le risorse cognitive dell'individuo. In pratica, ciò che diviene inconscio e automatico non richiede energie mentali per la sua applicazione [1].

La socializzazione primaria

Le istituzioni così formate sono concettualizzate e codificate attraverso il linguaggio. Successivamente sono fatte assimilare alle nuove generazioni dalle famiglie che provvedono alla socializzazione primaria [1].
Perché persistano nel corso del tempo, le istituzioni sociali sono consolidate nell'ambito dei ruoli che ogni individuo svolge all'interno della società. La loro consistenza è implementata attraverso il loro uso nella comunicazione sociale.

La comunicazione sociale

Con tale termine si definisce il processo comunicativo che avviene fra gli individui che fanno parte dello stesso contesto sociale e che condividono la stessa cultura e lo stesso codice linguistico. La comunicazione sociale è basata sullo scambio sociale, ovvero permette lo scambio di risorse cognitive, e può essere di due tipi.

- Comunicazione sociale diretta, in cui il processo comunicativo avviene nell'ambito delle interazioni sociali fra individui.

- Comunicazione sociale indiretta, nella quale la transazione comunicativa avviene attraverso gli strumenti sociali della comunicazione.

Gli strumenti sociali della comunicazione

Gli strumenti sociali della comunicazione sono rappresentati dai mezzi di comunicazione di massa, ovvero giornali, televisione, internet.
Come si vede le interazioni sociali che avvengono fra gli individui sono contraddistinte dalla comunicazione sociale. La comunicazione sociale varia a seconda della relazione che lega i due interlocutori.

La comunicazione formale

Infatti, se il rapporto che esiste fra i due membri dell'atto comunicativo è basato sul ruolo che essi rivestono nel contesto sociale e, quindi, è fondata sugli aspetti sociologici e culturali che caratterizzano le due persone, essa è una comunicazione formale, in quanto la relazione che c'è fra di loro è di tipo formale [1].

La comunicazione interpersonale

Laddove la relazione è basata sul rapporto fra due individui, in quanto persone, al di là del ruolo che essi rivestono nella società, si parla di comunicazione interpersonale, che trae inferenze dagli aspetti psicologici della relazione e questo rapporto è definito relazione personale.

Il fine della comunicazione sociale

La comunicazione sociale ha un obiettivo ben preciso che è quello di aiutare l'individuo ad avere la padronanza del contesto sociale in cui vive.

Il codice simbolico

Nell'ambito delle relazioni sociali le persone utilizzano un codice simbolico che costituisce il linguaggio. In accordo con Bernstein [2], il codice linguistico può essere classificato in più categorie.

Il codice lessicale ristretto

- Il codice lessicale ristretto, che caratterizza quelle relazioni sociali in cui le persone non vogliono scambiarsi informazioni su di sé, ma fanno restare la conversazione su binari formali. Tale codice, quindi, caratterizza le relazioni formali, legate al ruolo svolto dai due interlocutori.

Il codice sintattico ristretto

- Il codice sintattico ristretto, che è tipico di quelle relazioni sociali molto intime, in cui vengono usate delle parole traslate dal loro significato comune, il cui senso è conosciuto solo dalle persone che intrattengono la relazione.

Il codice elaborato

- Il codice elaborato, che contraddistingue le persone che hanno una relazione sociale con l'obiettivo di conoscersi meglio, per cui parlano di sé, dei loro desideri e dei tratti di personalità che li distinguono.

Conferma, rifiuto e disconferma

Nell'ambito della comunicazione sociale che avviene fra gli esseri umani, si possono verificare fra chi parla e colui che ascolta, come messo in evidenza da Watzlawick, Beavin e Jackson [3], tre condizioni:

- la conferma;
- il rifiuto o negazione;
- la disconferma.

La conferma

Si verifica la conferma allorquando l'ascoltatore convalida quello che è stato detto da chi parla. Per esempio, un ragazzo si lamenta con la propria madre dei molti compiti scolastici che ha avuto per le vacanze. Ella interviene dicendo che ha ragione, i compiti non devono essere dati quando la scuola è chiusa e contemporaneamente lo incoraggia, asserendo che, se essi vengono svolti poco per volta, non peseranno ed egli, comunque, sarà in grado di portare a termine il tutto, come ha fatto per tante altre cose di cui si è lamentato, ma che è riuscito sempre a completare. In questo caso, la conferma non solo è avvenuta sul contenuto della comunicazione, ma anche e soprattutto sul valore della persona. È questo un obiettivo che i singoli individui perseguono nelle loro relazioni sociali, ovvero quello di essere approvati e stimati per quello che sono e che fanno.

La negazione

La negazione è caratterizzata dal fatto che chi ascolta non concorda con quello che asserisce chi parla e talvolta si accompagna ad un suo rifiuto. Ritornando all'esempio di prima, ammettiamo che la mamma risponda, dicendo al ragazzo che è come al solito, ovvero che lui non ha voglia di fare niente e che non si impegna in nessuna attività e, continuando così, non combinerà niente di buono nella sua vita. In questo caso non solo la madre non è in sintonia con quello che dice il proprio figlio, ma addirittura esprime un giudizio estremamente negativo sulla sua persona. Il fondamento della negazione è che anche se si esprime un giudizio negativo sull'altra persona, la si accetta comunque come interlocutore.

La disconferma

La disconferma è contraddistinta dal non prendere in considerazione non solo il messaggio di chi parla, ma anche la sua esistenza come persona. Riprendendo l'esempio della mamma e del ragazzo, consideriamo che la madre stia lavando le stoviglie, mentre suo figlio si lamenta. Ella continua ad occuparsi di quello che sta facendo e, quando suo figlio finisce di lamentarsi, gli chiede che cosa vuol mangiare per cena. In questa circostanza non solo la madre non ascolta quello che il proprio figlio dice, ma gli invia anche un messaggio di disconferma, ovvero gli fa capire che non lo reputa degno di attenzione in quanto persona.

Comunicazione funzionale e disfunzionale

La comunicazione che si instaura fra due persone legate da una relazione sociale può essere definita funzionale, quando è costruttiva e determina uno stato di benessere in entrambi i membri, come avviene nel processo della conferma. È disfunzionale allorquando crea una situazione di malessere come avviene nella negazione e nella disconferma. In pratica, la negazione determina un incremento della conflittualità fra i due membri della comunicazione, che talora può essere positivo se prelude ad un cambiamento, mentre la disconferma crea uno stato di malessere psicologico profondo in chi parla, in quanto vede disconosciuto il suo valore come persona [4].

Le dimensioni che caratterizzano la società

In ogni società, come afferma Braudel [5], si possono riconoscere cinque dimensioni:

- la dimensione ecologica, che rappresenta il contesto fisico sul quale è organizzata la società;
- la dimensione economica, che si concretizza nelle attività produttive che assicurano la sopravvivenza della popolazione;
- la dimensione sociale, che è delineata dalle istituzioni sociali che contraddistinguono quella società;
- la dimensione politica, che simboleggia il modo come è gestito ed è suddiviso il potere, fra le classi sociali che compongono quell'aggregato sociale;
- la dimensione culturale che esprime il patrimonio di conoscenze che contraddistingue le persone che fanno parte di quella struttura sociale e delinea il modo con cui gli individui di tale contesto sociale risolvono i problemi.

Il benessere sociale

Solitamente perché la società possa avere il benessere sociale tali dimensioni devono essere in rapporto dialettico una con l'altra, evitando che nessuna di essa prenda il sopravvento sull'altra. Attualmente le società occidentali appaiono sbilanciate, in quanto la dimensione economica ha preso il sopravvento sulle altre [6].

La conflittualità all'interno della società

Nel corso della sua storia ogni società può vivere al suo interno delle conflittualità fra le varie dimensioni, altre volte lo scontro può essere più globale coinvolgendo l'intera organizzazione.
Solitamente i conflitti, come Lappas [6] avverte, possono essere distinti in:

- conflitti fra società diverse, che si estrinsecano nelle guerre;

- conflitti fra classi sociali all'interno della stessa società, come avviene nella lotta di classe;

- conflitti fra la dimensione politica e la dimensione sociale, in quanto la classe politica non riesce a farsi più portavoce dei bisogni espressi dai soggetti sociali presenti in quella organizzazione;

- conflitti fra la dimensione ecologica e la dimensione economica, per cui in virtù del profitto e dell'incremento delle attività produttive si producono dei danni all'ambiente naturale;

- conflitti di modernizzazione, che attraversano trasversalmente tutte le dimensioni, che rappresentano una società, e che vedono contrapposte, all'interno della stessa dimensione, le istanze arroccate sul passato a quelle proiettate nel futuro.

Società complesse e società semplici

Dal punto di vista dell'organizzazione, le società possono essere suddivise in:

- società complesse;
- società semplici.

La differenza fra i due tipi di società risiede nella velocità del mutamento sociale che si verifica all'interno di esse. In pratica, nelle società complesse il mutamento sociale ha una velocità estrema, mentre nelle società semplici, chiamate etnografiche, esso è quasi inesistente.

NOTE BIBLIOGRAFICHE E SITOGRAFICHE

1. Nardi, P. (2006). *Socializzazione e relazioni interpersonali*. Roma: Edizioni For.Com..

2. Citato in Nardi, P., *op. cit.*.

3. Citati in Mondello, E. (2006). *Interazione e comunicazione*. Roma: Edizioni For. Com..

4. Mondello, E., *op. cit.*.

5. Citato in Lappas, G. (2000). *Processi di socializzazione e complessità*. Roma: Edizioni For. Com..

6. Lappas, G. (2000), *op. cit.*.

CAPITOLO TERZO

LA PSICOPEDAGOGIA SOCIALE NEI CONTESTI FORMATIVI

3.1 La motivazione

Nell'ambito della psicologia sociale un costrutto importante è rappresentato dai motivi che spingono gli individui a compiere delle azioni e quali scopi conseguono con esse. Tale nodo concettuale diventa il paradigma fondante della psicologia motivazionale.
La motivazione che spinge le persone a comportarsi in una certa maniera piuttosto che in un'altra può essere vista e interpretata in maniera diversa, a seconda dell'ottica epistemica [1].

Scuola freudiana e motivazione

Per la scuola freudiana il primo motivo che spinge l'individuo all'azione è rappresentato dalle pulsioni interne. Queste forze interiori sono concettualizzate nell'ambito della dinamica del piacere-dispiacere, per cui l'uomo è spinto all'azione proprio per incrementare la sensazione di piacere e quindi conseguentemente diminuire quella di dispiacere.

La motivazione per Hull

Per Hull [2] quello che motiva l'uomo all'azione è soprattutto la soddisfazione dei bisogni primari, ovvero la fame, la sete, la sessualità e l'evitamento del dolore.

La vera motivazione per Rogers

Per Rogers la vera motivazione che dovrebbe spingere le azioni umane è quella della ricerca dell'autenticità, ovvero quella dimensione in cui l'individuo trova la vera sintonia con se stesso [3].

La motivazione per Maslow

Per Maslow il comportamento umano è sollecitato dal soddisfacimento dei bisogni. Esiste una tassonomia dei bisogni, che sono interrelati fra loro da un rapporto gerarchico. Inizialmente il comportamento dell'uomo è motivato dalla soddisfazione dei bisogni primari, legati alle esigenze fisiologiche dell'organismo. Successivamente il movente è rappresentato dal bisogno di sicurezza. Una volta soddisfatto, l'azione motivante diviene il bisogno di appartenenza e di affetto. Ottemperati questi bisogni, il movente della condotta umana diviene il bisogno di essere stimato. In ultimo, l'impulso ad agire è guidato dal bisogno di autorealizzazione [3].

Le emozioni positive come movente delle azioni

Altre volte alla base del comportamento umano, come agenti motivanti, ci possono essere le emozioni provate, in particolare le emozioni positive. In pratica, l'uomo è spinto ad agire se lo scopo delle sue azioni sono delle emozioni che incrementano la sensazione di benessere [1].

La motivazione per Lewin

Per Lewin [4] alla base del comportamento umano c'è una motivazione legata alla riduzione della tensione interna all'organismo. Per questa ragione l'uomo è attratto da quelle azioni il cui obiettivo è la riduzione interna della tensione. In questo caso si dice che tale azione esercita una valenza positiva. Allo stesso tempo l'individuo evita quei comportamenti che possono portare ad un incremento di tale tensione. In questa circostanza tale condotta è connotata con una valenza negativa. In pratica, secondo Lewin la realtà psichica dell'individuo è un sistema dinamico che include l'individuo e il suo ambiente. Un costrutto centrale è rappresentato dalla teoria del campo. Per campo si intende tutto quello che circonda l'individuo e che costituisce la realtà in quel momento. Il campo permette l'azione, la percezione e la conoscenza. Esso è formato da tre zone che sono:

- lo spazio di vita, che è costituito dalla persona e dal suo ambiente psicologico;
- lo spazio dove avvengono i fenomeni fisici e sociali;
- una regione di confine in cui lo spazio di vita entra in contatto con i fenomeni fisici e sociali.

Lo spazio di vita dell'individuo

Lo spazio di vita dell'individuo può essere a sua volta suddiviso in:

- regioni periferiche;
- regioni centrali.

Nelle regioni centrali accadono tutti quei processi che costituiscono le peculiarità del sé e dell'identità individuale. Nel corso della vita dell'individuo le regioni subiscono delle trasformazioni sia nei loro contenuti che nella loro allocazione, grazie alle condotte messe in atto dalla persona.

Lo stato di equilibrio

Il campo è da intendersi come un sistema dinamico che è percorso da una serie di tensioni. Il campo tende a portarsi verso uno stato di equilibrio. Le tensioni nascono allorquando nell'individuo si crea un bisogno, che egli tende a soddisfare [3] per riportare l'equilibrio nel campo.

Le motivazioni incentive

Queste prime ipotesi analizzate pongono l'accento sull'origine interna della motivazione. Esistono anche dei moventi esterni all'individuo che possono attivare i suoi comportamenti. Tali stimoli esterni sono denominati motivazioni incentive [1].

I paradigmi dell'azione

Ogniqualvolta un individuo si appresta a compiere un'azione frutto della sua volontà, come Meumann [5] sottolinea, deve avere chiaro in mente alcuni paradigmi, quali:

- l'obiettivo che tale comportamento si prefigge di raggiungere;

- la positività di questo obiettivo;

- la rappresentazione mentale dell'azione che deve compiere per giungere alla realizzazione dell'obiettivo prefissato.

La scelta della strategia comportamentale

Il fatto che l'individuo, fra diverse strategie comportamentali che possiede, ne possa scegliere una per giungere alla meta dipende dalle esperienze fatte nel corso degli anni e quindi dagli apprendimenti compiuti, per cui egli presume di sapere che utilizzando una strategia piuttosto che un'altra può giungere più facilmente a centrare l'obiettivo [1].

Il sistema delle credenze

Tolman [6] presuppone che alla base dei comportamenti umani ci sia il sistema delle credenze, che costituisce la sua mappa cognitiva, ovvero l'uomo è spinto a determinate condotte perché crede che il raggiungimento di un certo obiettivo possa creargli una situazione di beneficio e questo determina un'aspettativa nei confronti dell'obiettivo finale che alimenta e sostiene lo svolgimento dell'azione.

NOTE BIBLIOGRAFICHE E SITOGRAFICHE

1. Giusti, L. (2012). *Motivazione e comportamento*. Roma: Edizioni For.Com..

2. Citato in Giusti, L., *op. cit.*.

3. Caprara, G.V., Gennaro, A. (1994). *Psicologia della personalità.* Bologna: Il Mulino.

4. Citato in Giusti, L., *op. cit.*.

5. Citato in Giusti, L., *op. cit.*.

6. Citato in Giusti, L., *op. cit.*.

3.2 Le attribuzioni

Il processo cognitivo dell'attribuzione permette di dare una connotazione all'obiettivo che si è raggiunto alla fine dell'azione. In pratica, attraverso il meccanismo dell'attribuzione, l'individuo interpreta i risultati raggiunti come frutto di variabili interne a sé oppure come prodotto di variabili contestuali, che sono quindi esterne al sé [1].

Le variabili interne

Solitamente come variabili interne sono considerate essenzialmente le capacità possedute dall'individuo e la motivazione che lo spinge a compiere l'azione. La motivazione è costituita da due elementi, ovvero l'intenzione, che è l'avere chiaro in mente quello che si vuol raggiungere, e lo sforzo, che rappresenta l'energia investita per giungere alla realizzazione dell'obiettivo.
In ambito sociale la teoria dell'attribuzione aiuta le persone a capire i comportamenti degli altri e quindi i fenomeni sociali che osserva.

La psicologia delle relazioni personali

Heider nel suo saggio "*La psicologia delle relazioni personali*" [2] analizza il modo attraverso cui le persone tentano di spiegare quello che accade loro e quello che osservano accadere agli altri, attraverso il ricorso ad una psicologia ingenua, che cerca di capire le cause che sono alla base dei comportamenti propri e altrui e del raggiungimento degli obiettivi prefissati. In pratica, ogni individuo desidera comprendere, attraverso le sue conoscenze, se le condotte sue o degli altri si esplicano grazie a delle caratteristiche interne alla persona che l'ha compiuta o dipendono dalle circostanze ambientali.

Le inferenze

Un'altra scelta, che l'uomo comune in virtù di questa psicologia ingenua fa, è quella dell'inferenza corrispondente. In pratica, allorquando osserva il comportamento di qualcuno è portato ad attribuire alle caratteristiche di personalità la condotta messa in atto. In questo caso il processo attributivo può essere scomposto in due momenti consequenziali:

- attribuzioni di intenzioni;
- attribuzioni di disposizioni.

Le attribuzioni di intenzioni

Nelle attribuzioni di intenzioni l'osservatore pensa che l'attore si è comportato in una certa maniera, perché sapeva quali erano le conseguenze della sua condotta [1].

Le attribuzioni di disposizioni

Nella procedura successiva, ovvero quella di attribuzione di disposizioni, l'osservatore pensa che l'attore ha agito in quel modo perché ha fatto una cernita fra i vari comportamenti e ha scelto quelli più sintonici con le sue disposizione caratteriali [1].

NOTE BIBLIOGRAFICHE E SITOGRAFICHE

1. Giusti, L. (2012). *Motivazione e comportamento*. Roma: Edizioni For.Com..

2. Citato in Giusti, L., *op. cit.*.

3.3 Le attribuzioni come genesi degli stili attributivi

Rispetto ai propri successi o fallimenti le persone hanno opinioni diverse. Alcuni sono portati ad attribuire le cause di essi a fattori interni, altri a fattori esterni.

Il *locus of control*

Di solito chi è avvezzo a percepire che le sue attività e la loro riuscita dipendono da fattori endemici alla sua personalità ha un controllo interno, ovvero ha dentro di sé quello che Rotter chiama "*locus of control*" [1]. In pratica, egli ha la sensazione di poter controllare la sua vita, cioè di non esser in balia delle onde quando deve affrontare i compiti connessi alla quotidianità.

Il controllo esterno

Gli individui che hanno l'impressione che le loro attività siano sotto il controllo di eventi esterni, situazionali, non rapportabili alla loro personalità, hanno un controllo esterno. In altre parole, non hanno la sensazione di poter governare e dirigere la propria vita.

I fattori interni

Solitamente fra i fattori interni alla persona sono menzionati:

- le abilità possedute dall'individuo;
- l'impegno e lo sforzo messo per raggiungere l'obiettivo [2].

I fattori esterni

Fra i fattori esterni, ambientali, spesso sono citati:

- la fortuna o l'opportunità;
- la complessità della prova che si affronta [2].

Natura delle cause dei successi e degli insuccessi

Le cause che determinano i successi e gli insuccessi degli individui possono essere classificate in:

- controllabili;
- incontrollabili;
- stabili;
- instabili.

Riguardo alle prime due dimensioni, con esse è valutato se l'individuo è in grado di poter gestire o no i moventi alla base della sua riuscita o non riuscita.
Le altre due variabili sono sintoniche con la dimensione temporale, ovvero possono essere presenti in un certo periodo della vita ed essere assenti in altri momenti.
Considerando le quattro variabili e coniugandole con i fattori interni ed esterni si ottiene, come Giusti [2] mette in evidenza, la seguente classificazione:

L’abilità

- l’abilità di un individuo è considerata una caratteristica che può essere incontrollabile, in quanto nello svolgere alcune prove può venire meno, ma stabile nel tempo, presupponendo che certe abilità sono patrimonio dell’individuo;

L’impegno

- l’impegno che la persona mette per prepararsi è valutato come controllabile, in quanto ella può decidere di impegnarsi nella sua preparazione, ma esso non è stabile, in quanto per una serie di ragioni può venire meno nel tempo;

La fortuna o l’opportunità

- la fortuna o l’opportunità è una variabile che risulta non stabile per la ragione che può essere allo stesso modo presente o assente e non controllabile proprio perché non dipende dalla volontà della persona che si accinge ad affrontare la prova;

La complessità della prova

- la complessità della prova che si affronta è percepita come stabile, per la ragione che la persona sa che la prova è particolarmente difficile, ma è incontrollabile in quanto la persona non sa di preciso quale è il grado di complessità.

Personalità e scelte delle prove

Solitamente le persone che tendono ad attribuire il successo delle loro azioni a fattori interni hanno un notevole movente verso il successo e proprio per ottemperare a questa idea che hanno di se stessi scelgono di impegnarsi in attività di media difficoltà, in pratica mansioni in cui è più probabile avere successo.
Gli individui che hanno una scarsa propensione al successo attribuiscono solitamente le cause dei loro successi a ragioni esterne, mentre il movente dei loro insuccessi lo ascrivono molto facilmente a variabili interne alla loro persona. Essi sceglieranno dei compiti da svolgere molto semplici, in cui il loro impegno non è richiesto, o molto difficili, in cui il loro impegno si vanifica per la complessità della prova [2].

NOTE BIBLIOGRAFICHE E SITOGRAFICHE

1. Citato in Giusti, L. (2012). *Motivazione e comportamento*. Roma: Edizioni For.Com..

2. Giusti, L., *op. cit.*.

3.4 Gli stili attributivi

Esistono diversi stili attributivi. Ognuno di essi contraddistingue ciascun individuo.
I principali stili attributivi sono i seguenti.

Lo stile strategico

- Lo stile strategico è uno stile attributivo in cui il successo è ascritto al proprio impegno e l'insuccesso al disimpegno. Come Durrant [1] avverte, questo stile attributivo si incontra presso gli studenti che non presentano difficoltà nei processi di apprendimento. In tali soggetti i buoni risultati che conseguono nella carriera scolastica incrementano l'autostima e, soprattutto, mantengono alta la motivazione all'impegno anche nelle prove successive. Questi allievi vivono anche bene gli eventuali fallimenti, che prendono come sfide a cui si applicheranno con maggiore impegno.

Lo stile depresso

- Lo stile depresso è caratteristico di quelle persone che attribuiscono il proprio successo a cause esterne fortuite e l'insuccesso alla carenza personale di abilità. Sovente i soggetti che presentano questo stile attributivo hanno un orientamento caratteriale all'impotenza appresa [2], ovvero pensano di non essere all'altezza, per una serie di esperienze vissute nel passato, dei compiti che sono loro richiesti. Fra i ragazzi che presentano lo stile attributivo depresso è abituale incontrare allievi con scarsi risultati di apprendimento. La convinzione di non avere abilità conduce gli studenti ad una forma di disimpegno, che incide sulla loro preparazione e sui risultati che ottengono, alimentandosi con il meccanismo delle autoprofezie che si avverano.

Lo stile negatore

- Lo stile negatore è contrassegnato dal fatto che il successo è attribuito ad abilità personali e l'insuccesso a cause esterne, quali, per esempio, la cattiva sorte, una prova particolarmente impegnativa non sintonica con le attese, l'ostilità da parte dell'esaminatore. Gli individui che presentano questo stile attributivo hanno difficoltà ad assumersi le responsabilità e quindi a vivere con umiltà le sconfitte e soprattutto a percepirle come un momento di riflessione da cui poter imparare qualcosa. Questo stile attributivo è poco produttivo ai fini della formazione, in quanto la persona che lo presenta non si metterà mai in discussione e non accetterà di rivedere le proprie convinzioni riguardo alla cultura dell'impegno nell'ambito dello studio [2].

Lo stile pedina

- Lo stile pedina è tipico delle persone fataliste e superstiziose, secondo le quali il successo o l'insuccesso dipendono da cause esterne all'individuo, come la fortuna, il caso, l'aiuto di qualche potente [2]. Anche questo stile attributivo trascura completamente il valore dell'impegno nella propria formazione, per cui è sintomatico di quelle persone che non vogliono applicarsi e soprattutto credono che la strada per la propria realizzazione passi per scorciatoie su cui il caso regna sovrano. L'approccio che questi individui hanno alla quotidianità è quello del non risolvere alcun problema o perché essi si risolvono da soli o per la ragione che interverrà qualcuno al loro posto per sanare le situazioni problematiche.

Lo stile abile

- Lo stile abile è caratterizzato dall'attribuzione del successo alla presenza di abilità individuali e l'insuccesso alla mancanza di abilità personali. Questo stile attributivo è collegato alla teoria entitaria, che frequentemente si ritrova nella psicologia ingenua. Secondo tale teoria le capacità umane si esplicitano laddove sono presenti delle entità, che alcuni individui possiedono, mentre altri ne sono completamente sprovvisti. Alla luce di ciò l'impegno che una persona può mettere nell'applicarsi allo studio diventa completamente relativo e in alcuni casi persino inutile. Infatti, se una persona possiede queste entità che lo fanno essere intelligente, in grado di ricordare con facilità le cose che legge, non è necessario lo sforzo che sorregge la preparazione a qualsiasi prova [2].

Lo stile attributivo come predittore del successo formativo

Alla luce degli stili analizzati, lo studente che ha uno stile attributivo strategico è quello che è più motivato ad apprendere e a progredire nella sua carriera scolastica prima e nella sua carriera lavorativa successivamente, in quanto attribuirà un grande valore, per la sua riuscita, all'impegno, partendo dall'ipotesi che chi si applica raccoglie prima o poi i frutti della sua diligenza.
Il contesto scolastico dovrebbe farsi carico abbastanza precocemente di un'analisi degli stili attributivi dei propri discenti, in quanto il possesso di stili attributivi diversi da quello strategico sovente predispone l'alunno ad una carriera scolastica ricca di insuccessi, di frustrazioni e di difficoltà nell'apprendimento. Per tale ragione, come afferma la Mercuri [2], la scuola dovrebbe fare in maniera tale da spingere i suoi allievi ad una riflessione sui propri stili attributivi. Già dalla scuola dell'infanzia devono essere avviate tali procedure, chiedendo, per esempio, quale ragione potrebbe essere alla base di un successo o di un insuccesso nella prova o nell'attività che il piccolo ha svolto. In questo modo si abitua il bambino a riflettere sul proprio stile attributivo e soprattutto, grazie all'aiuto dell'insegnante, a modificarlo, laddove esso non è sintonico con la percezione del proprio impegno.
Attualmente esistono diverse prove che servono a misurare lo stile attributivo dei ragazzi. Fra questi si possono citare:

- il questionario di attribuzione, che è indicato per studenti che hanno un'età compresa fra undici e venti anni;

- la prova di attribuzione per bambini con un'età che va da quattro a dieci anni [De Beni e Moè (3)].

"*La prova di attribuzione è costituita da 24 items che presentano delle situazioni ipotetiche (dodici di successo e dodici di insuccesso: otto riguardano situazioni di memoria, otto di apprendimento e otto di vita quotidiana) in cui il bambino potrebbe essersi trovato, seguito da cinque possibili cause attribuibili all'evento (impegno/disimpegno, abilità/incapacità, facilità/difficoltà, aiuto/mancanza di aiuto, fortuna/sfortuna)*" [4].

NOTE BIBLIOGRAFICHE E SITOGRAFICHE

1. Citato in Mercuri, S. (2009). *Motivazioni ed emozioni.* Roma: Edizioni Unimarconi.

2. Mercuri, S., *op. cit.*.

3. Citati in Mercuri, S., *op. cit.*.

4. Mercuri, S., *op. cit.*, pag. 57.

3.5 I pregiudizi

Per pregiudizio si intende: "*un'opinione preconcetta, capace di far assumere atteggiamenti ingiusti specialmente nell'ambito del giudizio e dei rapporti sociali*" [1]. Nell'ambito della psicologia sociale, si può definire il pregiudizio come "*una tendenza sistematica di solito accompagnata da errore di ragionamento o di giudizio*" [2].
In pratica, l'uomo tende a compiere degli errori di ragionamento e di giudizio quando osserva le proprie azioni e quelle degli altri. Fra i pregiudizi più diffusi sono da ricordare:

- il pregiudizio egocentrico;
- il pregiudizio del falso consenso;
- il pregiudizio della divergenza fra attore ed osservatore [3].

Il pregiudizio egocentrico

Nel pregiudizio egocentrico la persona pensa di poter attribuire l'origine di certi suoi comportamenti positivi alle proprie caratteristiche di personalità, mentre imputa a fattori esterni alla sua persona, quasi sempre ambientali, le sue condotte negative. Questo pregiudizio ha una funzione molto importante che è quella di implementare l'autostima [3].

Il pregiudizio del falso consenso

Nel pregiudizio del falso consenso accade che l'individuo presume che quello che pensa, il modo con cui agisce e le cose in cui crede siano condivise da quasi tutte le persone che costituiscono il suo ambiente sociale. Solitamente tale pregiudizio i singoli lo applicano alle loro ideologie politiche, alla spiegazione dei conflitti interindividuali e alle scelte comportamentali che compiono [3].

Il pregiudizio della divergenza fra attore ed osservatore

Nel pregiudizio della divergenza fra attore e osservatore succede che se l'azione è analizzata da chi l'ha compiuta, essa è interpretata in funzione delle variabili situazionali. In pratica, l'attore attribuisce la sua condotta alle circostanze. Se la stessa azione è analizzata da una persona che osserva, essa è interpretata come uno specchio del carattere della persona che l'ha compiuta. In altre parole, l'osservatore tende a vedere le azioni dell'attore come un riflesso della sua personalità. Questo pregiudizio viene anche denominato errore fondamentale dell'attribuzione [3].

NOTE BIBLIOGRAFICHE E SITOGRAFICHE

1. Devoto, G., Oli, G. C. (1974). *Dizionario della Lingua Italiana*. Firenze: Le Monnier, pag. 1769.

2. Giusti, L. (2012). *Motivazione e comportamento*. Roma: Edizioni For.Com., pag. 68.

3. Giusti, L., *op. cit.*.

3.6 Gli stili di apprendimento

Esistono diversi stili di apprendimento, che sono caratterizzati dalla modalità attraverso cui l'individuo percepisce la realtà, da alcune componenti caratteriali e dal rapporto che si ha con l'alterità.

La modalità di percezione della realtà e l'apprendimento

Riguardo alla modalità percettiva si possono avere tre stili di apprendimento, ovvero lo stile visivo, uditivo e cinestesico [1].

Lo stile visivo di apprendimento

- Lo stile visivo è quello che caratterizza gli individui che imparano utilizzando il canale visivo. In pratica, per poter memorizzare hanno bisogno di "*immagini, schemi visivi, disegni e tabelle*" [2], cioè utilizzano la memoria visiva per poter ricordare gli argomenti studiati. Con questi discenti devono essere utilizzate delle lezioni frontali di non lunga durata. Inoltre, essi nella loro vita quotidiana preferiscono non conversare a lungo al telefono, prediligendo le interazioni sociali in cui c'è un rapporto visivo. Delle persone conosciute ricordano a lungo le fattezze del volto, ma non i loro nomi. Relativamente al linguaggio extraverbale, sono colpiti prevalentemente dalle espressioni del viso del proprio interlocutore.

Lo stile uditivo di apprendimento

- Nello stile uditivo la persona utilizza come canale sensoriale con cui si rapporta con la realtà l'udito. In altre parole, ricorda le parole ascoltate durante le lezioni. Per poter memorizzare un argomento ha bisogno di ripeterlo a voce alta o con la voce interiore. Nella sua vita il parlare occupa un posto di rilievo, per cui dedica parte delle sue giornate alle conversazioni telefoniche. Riguardo alla comunicazione extraverbale è molto attento al tono di voce del suo interlocutore [1].

Lo stile cinestesico di apprendimento

- Lo stile cinestesico caratterizza quei soggetti che sono sempre in movimento. Le informazioni per essere apprese devono essere veicolate alla mente dalle sensazioni corporee (dati tattili, termici, cinestesici ecc.). Nel linguaggio extraverbale prestano particolare attenzione ai gesti delle mani che accompagnano le parole dell'interlocutore [1].

Le peculiarità caratteriali e l'apprendimento

Relativamente alle peculiarità caratteriali, si possono riscontrare tre stili di apprendimento, ovvero lo stile impulsivo, riflessivo e compulsivo.

Lo stile impulsivo di apprendimento

- Lo stile impulsivo caratterizza quelle persone che non amano aspettare. In tutte le loro attività sono sempre molto frettolosi. Preferiscono impegnarsi in attività di studio che non richiedono molto tempo per essere esplicate. Nelle risposte, per esempio, ad un test a risposta multipla non leggono neanche tutta la domanda e subito cominciano a rispondere. Per poter essere assimilati gli argomenti di studio devono essere brevi ed essenziali [1].

Lo stile riflessivo di apprendimento

- Nello stile riflessivo lo studente necessita di molto tempo per elaborare il materiale di studio. Ha bisogno di analizzare per bene gli argomenti che deve studiare e gli apprendimenti sono sempre frutto di attività estenuanti e impegnative. Solitamente in quello che producono, a livello scritto, fanno pochi errori al contrario degli impulsivi.

Lo stile compulsivo di apprendimento

- Nello stile compulsivo l'individuo ha bisogno di fare frequenti pause, si distrae facilmente, ha la necessità di alzarsi continuamente mentre studia. Solitamente questi soggetti impiegano molte energie e risorse nello studio, producendo risultati abbastanza scadenti. Essi hanno la necessità di controllare la propria ansia, responsabile di queste performance improduttive, attraverso il rilassamento [1].

Il rapporto con l'alterità e l'apprendimento

Relativamente alle caratteristiche del rapporto con l'alterità, gli stili di apprendimento possono assumere diverse fenomenologie.

Lo stile competitivo di apprendimento

- Nello stile di apprendimento competitivo lo studente per poter apprendere ha bisogno di percepire la sfida fra lui e i compagni di classe. In pratica, l'assimilazione dei nuovi argomenti spesso viene fatta per attirare l'attenzione dell'insegnante. Quello che caratterizza chi possiede questo stile di apprendimento è l'obiettivo di stupire l'interlocutore con le proprie conoscenze, che spesso sono frutto di un ampliamento della cultura ricercato attraverso canali alternativi, rispetto ai testi scolastici. Sono soggetti che amano lavorare da soli [1].

Lo stile collaborativo di apprendimento

- Lo stile di apprendimento collaborativo è caratterizzato da una collaborazione con gli altri, piuttosto che da una competizione. Gli individui che presentano questo stile preferiscono lavorare in gruppo e i loro apprendimenti sono frutto di discussioni collegiali, da cui ritengono di imparare molto. La loro applicazione individuale è abbastanza scadente, lavorano meglio in gruppo [1].

Lo stile partecipativo di apprendimento

- Lo stile di apprendimento partecipativo è caratteristico di quelle persone che amano partecipare attivamente alla vita della classe, animano la vita del gruppo, organizzano con gli altri in maniera indipendente dall'insegnante le situazioni di apprendimento. Esse apprendono in tutte quelle situazioni in cui le variabili affettive - sociali sono esaltate [1].

Lo stile evitante di apprendimento

- Lo stile di apprendimento evitante è peculiare degli individui che amano fare da soli, rifuggono dalle discussioni di gruppo e sono portati più verso l'autovalutazione delle proprie conoscenze. Sono molto attenti durante le lezioni e prendono degli appunti molto analitici. Allorquando hanno un dubbio riguardo ad un argomento studiato preferiscono risolverlo consultando altri testi, piuttosto che chiedere spiegazioni all'insegnante [1].

Lo stile dipendente di apprendimento

- Lo stile di apprendimento dipendente connota le persone che hanno sempre bisogno di essere guidate. Essi devono sapere con precisione che cosa devono studiare e soprattutto il lasso temporale preciso entro il quale deve essere svolto il compito assegnato. Più il materiale da apprendere è schematizzato o è frutto di sintesi compiute da qualche altro studente e più diventa facile da memorizzare [1].

Lo stile indipendente di apprendimento

- Lo stile di apprendimento indipendente contraddistingue gli individui che per poter imparare devono sentirsi liberi. In pratica, degli argomenti da studiare fanno una selezione dei contenuti, scegliendo quelli che intrigano di più, per cui tenderanno ad apprendere prevalentemente le cose che sono in sintonia con i loro interessi. Essi sono più propensi ad imparare da altre fonti, come i mezzi di comunicazione di massa, piuttosto che dalle cose dette dall'insegnate o che trovano nei libri consigliati [1].

NOTE BIBLIOGRAFICHE E SITOGRAFICHE

1. Salvitti, C. (2013). *Gli stili di apprendimento e le loro caratteristiche*, in “Educare.it”, Anno XIII, N. 12. http://www.educare.it/j/temi/scuola/didattica/2633-gli-stili-di-apprendimento-e-le-loro-caratteristiche

2. Salvitti, C., *op. cit.*, pagina non numerata.

3.7 Gli stili comunicazionali

Il modo che una persona ha di comunicare dipende dall'idea che ella ha di sé, da come concepisce il mondo e, soprattutto, dal tipo di percezione che ha delle relazioni interpersonali.
Si possono distinguere tre stili comunicazionali, che sono:

- lo stile passivo;
- lo stile aggressivo;
- lo stile assertivo [1].

Lo stile comunicazionale passivo

Lo stile passivo è caratterizzato dal provare, nell'ambito di un'interazione comunicativa, alcune emozioni negative, quali la paura, l'ansia e la rabbia verso se stessi. In pratica, tale individuo non vive il rapporto con l'alterità in maniera serena, per cui la sua comunicazione diviene uno specchio di questo suo malessere relazionale.

Le interazioni sociali e lo stile passivo

Nell'ambito delle interazioni sociali mette in atto frequentemente delle condotte, che testimoniano il suo disagio. In altre parole, di fronte ad una situazione comunicativa tende a fuggire, a non prendere parte alle discussioni che avvengono in gruppo, ad avere delle idee che difficilmente cambia, ad utilizzare gli altri per i suoi scopi, senza un genuino interesse per la loro persona e per le loro emozioni.

Le interazioni diadiche e lo stile passivo

All'interno delle interazioni comunicative diadiche l'individuo che presenta uno stile comunicazionale passivo sembra non ascoltare il suo interlocutore e spesso invia dei messaggi di disconferma, rendendo la comunicazione poco funzionale e soprattutto creando un senso di disagio nella persona che ha di fronte. Infatti, l'interlocutore ha la sensazione di non essere stato capito e di essere stato percepito come inesistente.

La mappa cognitiva e lo stile passivo

La mappa cognitiva dell'individuo che ha questo stile di comunicazione è infarcita di pensieri negativi che riguardano il valore che egli attribuisce a sé. Infatti, si percepisce estremamente insicuro, non in grado di affrontare le sfide che la quotidianità presenta, anche se interiormente ha il desiderio di essere diverso da quello che realmente è. Per tale ragione possiede una bassa dose di autostima, in quanto il suo sé ideale è molto distante dal sé reale. Nell'ambito conversazionale, come si è detto, è poco attento ai contenuti della conversazione sia in termini verbali che extraverbali, in quanto è sovente spettatore di se stesso, mettendosi in una posizione di autoascolto, pronto a giudicarsi per come conduce la conversazione, per quello che dice e per quello che avrebbe potuto dire e non ha detto. Proprio per questa ragione la comunicazione con gli altri è evitata e, in taluni soggetti, si trova la fobia del parlare in pubblico [1].

Lo stile comunicazionale aggressivo

Lo stile comunicazionale aggressivo ha come sottofondo costante nei processi comunicativi l'aggressività che si esprime sia nel linguaggio verbale che extraverbale.

Le interazioni sociali e lo stile aggressivo

Nel rapporto con gli altri il vissuto prevalente di questo individuo è rappresentato dalla competizione, ovvero è sempre pronto ad attaccare, perché in fondo teme di essere attaccato. Per cui è presente una percezione negativa dell'alterità. In ragione di ciò la sua vita appare come un perenne campo di battaglia, in cui quotidianamente sono intraprese delle lotte per affermare se stesso, per non farsi scavalcare e per svelare eventuali presunti o reali complotti nei suoi confronti. Se si analizza il suo eloquio esso appare estremamente ricco di parole taglienti, dure, che rivolge agli altri. Le emozioni che egli prova nei confronti dell'alterità si riflettono nella prosodia della sua comunicazione: infatti, il ritmo del suo dire appare estremamente veloce, come il volume della voce che è sempre sopra le righe. Nelle interazioni comunicative collettive sceglie sempre un nemico contro cui scagliare la sua ira e la sua aggressività. Allorquando pensa alla sua vita la vede come una serie di battaglie vinte o perse. Chiaramente i risultati positivi conseguiti non fanno altro che aumentare il suo valore.

Le interazioni diadiche e lo stile aggressivo

Chi si interfaccia con questo individuo in una interazione comunicativa diadica riceve una sensazione di disagio e di malessere. Nell'ambito delle relazioni interpersonali, come si è detto, parte dal presupposto che l'altro debba approfittare di lui e, per tale ragione, è sempre abbastanza guardingo, non lasciandosi mai andare.

La mappa cognitiva e lo stile aggressivo

Chi utilizza questo stile comunicativo al suo fondo, in realtà, ha una non accettazione di se stesso e, soprattutto, un'immagine di sé estremamente negativa, per cui teme che gli altri possano convalidare questa idea che egli ha di sé. Talvolta, nei rari momenti in cui è più rilassato, si rende conto di essere stato estremamente aggressivo nella comunicazione con un'altra persona e prova una forma larvata di senso di colpa, che non si estrinseca mai nel chiedere scusa. Laddove sente di essere attaccato non lesina mai con le parole offensive, spesso insultando il suo interlocutore anche sul piano personale. Quando qualcuno si confida con lui, è sempre pronto, poi, nei momenti di rabbia a tirar fuori, a scopo offensivo, quello che gli è stato rivelato. Nell'ambito della comunicazione i messaggi prevalenti che invia sono sempre di rifiuto o negazione, che esprime sia attraverso le parole che con l'espressione del viso [1].

Lo stile comunicazionale assertivo

Lo stile comunicazionale assertivo è tipico di quelle persone che stanno bene con se stessi e quindi anche con gli altri.

Le interazioni sociali e lo stile assertivo

Analizzando l'eloquio si può osservare che la sua comunicazione interpersonale è spesso caratterizzata dalla conferma del proprio interlocutore. Il suo dire è ricco di parole chiare, semplici ed abbonda di esempi per stimolare la comprensione in chi ascolta.

Le interazioni diadiche e lo stile assertivo

Nelle interazioni comunicative diadiche la persona assertiva cerca di capire quello che l'altro dice e, per questo, ascolta attentamente, facendo delle domande stimolo che servono ad aiutare il suo interlocutore ad esplicitare meglio il suo pensiero. Anche il suo linguaggio extraverbale riflette questa apertura verso gli altri, che si manifesta nell'atteggiamento del corpo che è portato in avanti, indicando la sua disponibilità verso l'alterità. D'altra parte tutto il corpo esprime questa apertura: difficilmente le braccia sono incrociate o le gambe accavallate. Il ritmo del suo eloquio, oltre che la velocità con cui sono pronunciate le parole, appare calmo e tranquillo. Il tono della voce tende ad essere basso e profondo. Nell'interazione comunicazionale sia diadica che di gruppo non ha fretta e permette al proprio interlocutore di finire di parlare, in modo tale che egli possa dire la sua opinione senza premura, lasciando spesso delle piccole pause nel ritmo comunicazionale. Chi si interfaccia con la persona assertiva ha la sensazione di essere capito e come sensazione relazionale riceve un estremo benessere. L'individuo, inoltre, che usa lo stile comunicativo assertivo ha una buona dose di autostima [1].

Mappa cognitiva, caratteristiche di personalità e stile assertivo

Volendo sintetizzare, tre sono le caratteristiche principali che qualificano la persona assertiva:

- la discriminazione;
- l'espressività;
- l'empatia [1].

La discriminazione

La discriminazione è quella competenza che porta a saper differenziare le proprie emozioni e i propri pensieri da quelli degli altri. In altre parole, è quella abilità che consente di non proiettare sull'altro quelle che sono le proprie caratteristiche cognitive ed emotive, in maniera tale che la relazione interpersonale non sia ipotecata da tali attribuzioni.

L'espressività

L'espressività è quell'attitudine che consente di essere leggibili, ovvero permette agli altri di capire quali sono le emozioni che si provano in un determinato momento, l'ideologia della vita, i bisogni e i desideri. Questa chiarezza di fondo aiuta l'altro a percepire chi ha uno stile comunicazionale assertivo come una persona sincera, chiara, in grado di non nascondersi. Tale perizia viene valutata positivamente dall'interlocutore, in quanto permette, per una forma di reciprocità, anche all'altro di non avere barriere nella comunicazione, di non nascondersi in atteggiamenti artefatti, che possono mortificare la spontaneità.

L'empatia

L'empatia è quella abilità che consente di capire fino in fondo la persona con cui si comunica e che permette di mettersi nei panni degli altri per capire le loro emozioni, il loro mondo, le loro difficoltà. Chiaramente questo crea una situazione di benessere nell'interlocutore perché si sente capito e coglie la possibilità di poter avere una comunicazione profonda, senza barriere, non correndo il rischio di essere frainteso [1].

NOTE BIBLIOGRAFICHE E SITOGRAFICHE

1. Mercuri, S. (2006). *Motivazioni ed emozioni*. Roma: Edizioni Unimarconi.

3.8 I miti disfunzionali comunicazionali

Spesso nella comunicazione umana esistono delle idee preconcette che ipotecano negativamente i rapporti comunicazionali interpersonali. Tali preconcetti, come Dèttore, Banchi Gelli e D'Imporzano [1] sottolineano, possono essere sintetizzati nei seguenti miti:

- il mito della modestia;
- il mito del buon amico;
- il mito dell'ansia;
- il mito dell'obbligo.

Il mito della modestia

Nel mito della modestia la persona ha difficoltà a parlare positivamente di sé e ogniqualvolta le viene fatto un complimento o un apprezzamento tende sempre a minimizzarlo [1].

Il mito del buon amico

Nel mito del buon amico l'individuo pensa che l'altro, con cui ha un rapporto di amicizia o qualsiasi altro legame, deve accontentare i suoi bisogni, i suoi desideri e le sue aspettative, precorrendo i tempi, ovvero deve comportarsi in maniera tale che la persona non deve chiedere le cose, ma esse devono essere fatte automaticamente [1].

Il mito dell'ansia

Nel mito dell'ansia il soggetto, che tende ad essere insicuro e ansioso nei rapporti con l'alterità, si mette nella condizione di non far mai trasparire la sua ansia, perché questo intaccherebbe, secondo lui, l'immagine che l'altro può avere, percependolo come una persona inaffidabile [1].

Il mito dell'obbligo

Nel mito dell'obbligo l'individuo parte dal preconcetto che all'amico non si può negare un favore, quando lo domanda, per cui il rapporto amicale può proseguire se si dice sempre sì. Per questo motivo egli non chiede mai nessuna cortesia ad un amico, per evitare di metterlo in imbarazzo e in questa maniera accumula rancore e rabbia nei suoi confronti [1].

NOTE BIBLIOGRAFICHE E SITOGRAFICHE

1. Dèttore, D., Banchi Gelli, L., D'Imporzano, A. (1997). *Psicologia - I percorsi della mente*. Firenze: Le Monnier.

3.9 L'apprendimento sociale nell'età evolutiva

Una delle maggiori motivazioni che spesso spinge l'uomo ad intraprendere un'azione è rappresentata dal confrontarsi con l'ambiente in cui vive. Alla base di tale movente c'è il desiderio di "*acquisire competenza, efficacia e padronanza*" [1].
L'acquisizione di tali costrutti non fa altro che migliorare l'immagine che ognuno ha di sé, in modo tale che la persona pensa, attraverso questa via, di incrementare il suo empowerment personale.

La tendenza al successo

La tendenza al successo, durante l'età evolutiva, appare sintonica e proporzionale al desiderio di acquisire i saperi, intendendo con tale termine anche il saper fare e il saper essere.
Spesso i bambini che dimostrano questa tendenza al successo e alla autorealizzazione hanno come genitori delle persone che implementano la loro autonomia, ovvero figure parentali che piuttosto che sostituirsi ai propri figli incrementano le loro capacità di problem - solving di fronte alle incombenze e agli ostacoli che essi trovano nel loro ambiente di vita [2].

Il meccanismo degli incentivi e delle punizioni

Un ruolo importante nell'acquisizione di nuove competenze lo svolge il meccanismo degli incentivi e delle punizioni. Inizialmente l'incentivo è necessario perché il bambino possa essere attratto da attività che altrimenti non prenderebbe in considerazione e che

possono determinare un allargamento del suo sapere. Successivamente l'incentivo e il premio devono essere usati con razionalità, in quanto le attività cominciate e praticate diventano patrimonio del ragazzo e non hanno più bisogno di essere sostenute con mezzi esterni. D'altra parte, tali variazioni determinano il passaggio dalla motivazione estrinseca alla motivazione intrinseca nella scelta delle cose da fare [2].
Riguardo alle punizioni anche esse hanno un ruolo educativo fondamentale. Infatti, ci sono alcuni comportamenti che durante l'età evolutiva necessitano di correzioni se si vuol integrare il bambino nell'ambiente sociale in cui vive. Ci si riferisce prevalentemente ai comportamenti aggressivi, che talvolta in alcuni infanti costituiscono la modalità prevalente con cui essi si rapportano con l'alterità. In questo caso il compito dei genitori o degli educatori in genere è quello di sanzionare i comportamenti distonici, fornendo delle valide alternative comportamentali, che devono essere sostenute con il ricorso al sistema degli incentivi [2].

L'apprendimento sociale o osservativo

Il bambino apprende, oltre che dalle esperienze che fa, anche e soprattutto per mezzo dell'apprendimento sociale o osservativo. Infatti, egli impara moltissime cose, osservando il comportamento dei propri genitori, degli insegnanti e dei coetanei. D'altra parte il notare nei propri coetanei quali comportamenti sono sanzionati dall'ambiente sociale, lo aiuterà a non riprodurli, in quanto nella sua mente si stabilirà un parallelismo fra quei comportamenti e le punizioni corrispondenti. Nell'ambito della vita familiare il bambino sovente impara il sistema di regole che governano l'ambiente familiare attraverso l'insieme delle sanzioni, che vige in famiglia. In pratica, il bambino apprende anche dall'esperienza dei suoi fratelli. Egli sa che se si comporta alla stessa maniera con cui ha agito il fratellino riceverà la stessa punizione [2].

I quattro momenti procedurali dell'apprendimento osservativo

Nell'apprendimento osservativo, come Rocchi [2] avverte, ci sono quattro momenti procedurali:

- l'attenzione;
- la ritenzione;
- la riproduzione;
- la motivazione.

In altre parole, perché il bambino possa acquisire determinate conoscenze osservando gli altri è necessario che ponga una certa attenzione nell'atto osservativo, successivamente ha bisogno di tenere a mente e quindi replicare la sequenza comportamentale che ha notato. Egli inoltre deve essere motivato a mettere in pratica quanto ha visto e ciò di solito avviene per un ascendente che il modello considerato ha.

Le caratteristiche del modello da imitare

D'altra parte, perché un modello possa essere imitato e, quindi, divenire oggetto di apprendimento osservativo, deve avere alcune caratteristiche quali:

- l'oblatività;
- il potere;
- la somiglianza.

In pratica, il bambino tende ad imitare gli atteggiamenti e i comportamenti di un modello, allorquando percepisce che tale persona è in grado di dare ricompense, ha potere su di lui ed egli lo sente particolarmente affine a sé [2].

La costruzione dell'identità sociale

Dai diversi modelli osservati nel corso del suo sviluppo, il ragazzo prenderà delle caratteristiche da ognuno di essi che metterà insieme per costruire se stesso e la sua immagine - identità sociale.
Grazie a questa identità che si crea, il ragazzo è in grado di elaborare gli input che provengono dall'ambiente esterno. Tale procedura ha come momento prioritario la selezione delle sollecitazioni che provengono dal contesto di vita, in modo tale che alcune sono ignorate, mentre altre divengono oggetto della sua attenzione. Grazie a questa immagine - identità di sé egli elaborerà delle risposte che sono frutto degli apprendimenti osservativi che sono avvenuti nel corso della sua

esistenza e che entrano a far parte delle differenze individuali che si osservano fra le persone [2].

Apprendimento sociale e costruzione dell'identità sessuale

Uno dei momenti in cui l'apprendimento osservativo - sociale regna sovrano è rappresentato dalla costruzione dell'identità sessuale. In pratica, il bambino alla nascita ha un sesso biologico, a cui non corrisponde un'identità sociale connessa con tale stato. I genitori e l'ambiente cominciano da allora in poi a trattare in maniera differente l'infante a seconda della sua appartenenza sessuale. In altre parole, sono rinforzati tutti quei comportamenti che sono complementari con la sua identità di genere. Il bambino, così, impara a comportarsi in sintonia con le aspettative sociali che sono connesse alla sua sessualità. In questo caso, attraverso l'apprendimento osservativo - sociale, comprende quali sono i comportamenti che andranno implementati e quali invece andranno contenuti, in quanto appartenenti ad un sesso diverso dal suo. Fonte di tali informazioni sono i genitori, il gruppo dei coetanei e il contesto sociale che lo circonda.

Gli stereotipi sessuali

Talvolta grazie all'apprendimento osservativo l'identità sessuale si modella su stereotipi, che spesso sono accompagnati da pregiudizi e luoghi comuni. Nella nostra società ci sono due stereotipi che accompagnano l'appartenenza ai due sessi. Essi sono:

- l'aggressività;

- la dipendenza [2].

L'aggressività e la dipendenza

Con aggressività si vuole intendere quel comportamento che ha come obiettivo finale il procurare sofferenza all'altro. Il concetto di dipendenza esprime quella condotta che possiede come fine il ricevere supporto e considerazione da parte degli altri.
Nella nostra società l'aggressività è considerata una caratteristica del ruolo maschile, mentre la dipendenza è connotata come una qualità femminile.

NOTE BIBLIOGRAFICHE E SITOGRAFICHE

1. Rocchi, A. (2012). *Apprendimento sociale e sviluppo della personalità*. Roma: Edizioni For. Com., pag. 9.

2. Rocchi, A., *op. cit.*.

3.10 Organizzazione sociale e formazione

Ogni essere umano nel corso della sua esistenza va incontro a processi evolutivi, che hanno l'obiettivo di migliorare la sintonia con l'ambiente. Tale evoluzione passa attraverso delle fasi che si susseguono nel corso del ciclo vitale.

Le fasi dell'evoluzione

Ogni processo evolutivo si attua e si completa attraverso tre fasi, che, come Mondi [1] sottolinea, sono:

- la fase di adattamento, nella quale l'essere umano si adatta ai cambiamenti che avvengono nell'ambiente in cui vive;

- la fase di apprendimento, nella quale le mutate condizioni ambientali spingono l'uomo a fare esperienze di nuovi modelli di pensiero, di comportamenti e di relazionalità sociale. Con l'esperienza questi nuovi paradigmi sono appresi dall'individuo e diventano suo patrimonio personale;

- la fase di sviluppo nella quale il cambiamento appreso viene esperito e implementato, dando origine a nuovi modi di attendere alle processualità quotidiane.

Chiaramente tale ciclo di sviluppo interessa l'uomo, ma anche tutte le cose che hanno una matrice antropica. Ci si vuole riferire anche alle organizzazioni sociali, che in

quanto frutto dell'attività umana subiscono tali processi evolutivi, attraverso i quali inglobano nel loro interno tutte le variazioni che si creano nell'ambiente.
Le organizzazioni sociali nel corso della loro lunga esistenza hanno subito vari cambiamenti, che hanno portato ad una strutturazione differente della società.

Le organizzazioni sociali nel corso del tempo

Nel corso degli ultimi due secoli della storia dell'umanità si sono avute diverse forme di ordine sociale. Seguendo la classificazione temporale di Mondi [1], la progressione sociale si è profilata seguendo in successione queste tre forme di organizzazione sociale.

La società agricola

- La società agricola, caratterizzata dal prevalere dell'agricoltura come attività produttiva. I soggetti sociali che caratterizzano questo tipo di società sono i proprietari terrieri, i contadini e gli artigiani. In tale organizzazione le istituzioni sociali ostacolano il fenomeno della mobilità sociale, facendo sì che ogni individuo viva l'intero suo ciclo di vita nell'ambito della classe sociale di nascita.

La società industriale

- La società industriale, nella quale l'attività produttiva principale è rappresentata dal lavoro industriale che vede nella produzione dei manufatti e nella loro commercializzazione l'obiettivo principale. Gli attori sociali di tale organizzazione sono simboleggiati dagli industriali e dagli operai. In questo tipo di società viene favorita la mobilità sociale, creando, talvolta, le condizioni per cui un operaio possa mettersi in proprio, diventando un piccolo imprenditore.

La società postindustriale

- La società postindustriale, in cui l'attività prevalente è rappresentata dai servizi che vengono offerti ai singoli o ai gruppi di utenti. In questa società i beni prevalenti sono rappresentati dalle intelligenze umane, che individuano nuove procedure da applicare alla quotidianità e le tecnologie telematiche di elaborazione delle informazioni. In questa organizzazione sociale è difficile poter classificare i soggetti sociali, seguendo le categorie classiche, in quanto il polimorfismo sociale che la caratterizza non permette di fare raggruppamenti omogenei.

I modelli organizzativi del lavoro

Questa progressione sociale analizzata ha portato ad un differente modo di concepire il lavoro e la sua organizzazione. In pratica, si è passati da un modello organizzativo di tipo meccanico ad un modello organizzativo di tipo organico, ognuno con caratteristiche completamente differenti da quello dell'altro.

Il modello organizzativo meccanico

Il modello organizzativo di tipo meccanico è caratterizzato dalle seguenti variabili:

- il lavoro appare estremamente gerarchizzato sia nella sua strutturazione procedurale che sociale;
- per giungere al prodotto finale, frutto delle attività lavorative, sono previste delle procedure che si susseguono in ordine temporale e logico;
- esiste una suddivisione rigida dei ruoli sociali all'interno dell'organizzazione lavorativa, per cui ognuno ha una propria mansione ben specifica che può essere ideativa o esecutiva;
- "*la filosofia organizzativa di questo modello è quella della cultura della dipendenza e dell'esecuzione*" [2].

Il modello organizzativo organico

Il modello organizzativo organico è contrassegnato dalle seguenti peculiarità:

- il lavoro è organizzato intorno al ruolo di ciascun membro dell'organizzazione produttiva, che è connotato dalla tendenza di fondo all'efficienza e al rinnovamento;
- nella dimensione lavorativa si strutturano gruppi di lavoro autonomi uno dall'altro. All'interno di tali

aggregati viene valorizzata la responsabilità di ognuno, ovvero ciascun membro ha il potere di prendere decisioni, intraprendere delle iniziative, gestire le strategie di problem solving;

- i gruppi di lavoro sono caratterizzati dalla cooperazione. In pratica, viene esaltata la capacità di discussione, di risolvere i conflitti attraverso la negoziazione, di arricchire le proprie conoscenze mediante il confronto con l'altro, di valorizzare le competenze di ciascuno e di integrarle nella cultura del gruppo;

- le singole professionalità sono esaltate e largamente retribuite;

- "*la filosofia organizzativa del modello organico è quella della cultura della soluzione*" [2].

Le innovazioni tecnologiche

Chiaramente il passaggio da un'organizzazione all'altra è reso possibile anche da una valorizzazione differente delle innovazioni tecnologiche. In pratica, i cambiamenti nella tecnica non fanno altro che migliorare le strategie procedurali e quindi la qualità della vita lavorativa.

Il nuovo ruolo del lavoratore

Questo richiede al lavoratore un ruolo differente. In altri termini, egli deve avere:

- una competenza in grado di governare la complessità procedurale;
- possedere degli strumenti per governare la cultura dell'imprevisto;
- dotarsi di strategie per esaltare la propria creatività nelle tecniche di problem solving [1].

Innovazioni e agenzie educative

Di pari passo con le innovazioni tecnologiche e con l'organizzazione del lavoro, è cambiato il ruolo delle agenzie educative. Anche se la scuola, istituzione fondamentale nell'ambito della formazione, presenta notevoli difficoltà ad accogliere nel suo seno tali innovazioni. Alla luce degli scenari sociali e produttivi completamente cambiati, il contesto scolastico appare ancorato a vecchi schemi ormai obsoleti, perdendo di vista la sua "mission" più importante che è quella di educare al cambiamento.

L'educazione al cambiamento

Tale educazione al cambiamento passa attraverso dei paradigmi, che diventano gli archetipi euristici di un nuovo modo di pensare l'atto educativo. In pratica, come afferma Mondi [1], gli obiettivi che l'esperienza formativa, spalmata sul ciclo di vita dell'individuo, deve avere sono i seguenti:

- incrementare la capacità di ascolto;

- potenziare l'attitudine alla pianificazione strategica;
- implementare l'adattamento ai cambiamenti;
- accrescere il controllo della cultura dell'incertezza, della precarietà e dell'imprevedibilità, attraverso un potenziamento dell'empowerment personale, dal quale discende:
    - l'ampliamento della fiducia in se stessi;
    - il potenziamento della solidità emotiva;
- educare alla formazione continua.

La scuola deve, in pratica, riflettere e dare un senso a quello che avviene nella società, che nelle economie postindustriali è caratterizzato dalla mancanza di bussole di riferimento, che permettono di navigare più tranquillamente nelle acque del provvisorio, dell'effimero e dell'imprevedibile.

L'educazione al benessere relazionale

La società è costituita, come Simmel [4] afferma, dalle relazioni che si creano fra gli individui che ne fanno parte. La scuola, facendo parte della società in quanto istituzione organica ad essa, deve investire sulla relazionalità che caratterizza i suoi attori sociali. In altre parole, la scuola deve proporsi come un ente che agevola, consolida e incrementa l'educazione al benessere relazionale dei suoi fruitori, vista come aspetto dominante dei processi di socializzazione, e che, quindi, assicura la coesione sociale e soprattutto il benessere sociale.

La scuola come organizzazione sociale

La società per poter funzionare ha bisogno di una struttura che ne assicura il mantenimento nel tempo. Tale struttura può essere definita con il termine di organizzazione, ovvero un apparato il cui funzionamento è salvaguardato dai ruoli che ognuno svolge. Spesso il controllo del funzionamento dell'intero sistema diviene complesso e, in alcune circostanze, impossibile. In ragione di ciò, l'organizzazione sociale viene scomposta in sottosistemi che hanno un dominio diverso uno dall'altro, con ruoli e obiettivi ben delineati. Uno di questi sottosistemi è rappresentato dalla scuola. Ad essa è delegato il compito di provvedere all'acculturazione e alla socializzazione degli individui, intendo con tale termine il processo che consente di far incorporare alle nuove generazioni i paradigmi ideologici che sono alla base dell'ordine sociale e che stabiliscono le regole del vivere quotidiano, dei rapporti sociali e dell'etica professionale.

La specializzazione e l'isolamento

Luhmann [5] sostiene che il controllo di questi sottosistemi, in cui la società è scissa, avviene attraverso due meccanismi:

- il procedimento della specializzazione;
- il procedimento dell'isolamento.

In pratica, la società controlla i suoi sottosistemi o parcellizzando la realtà sociale e quindi assegnando ad essi, attraverso la specializzazione, dei domini ben specifici oppure creando una forma di isolamento fra i vari sottosistemi. In altre parole, il sottosistema formativo, per esempio, non entra mai in contatto, se non in una forma superficiale e apparente, con il sottosistema economico o politico. In tale maniera tali sottosistemi diventano autoreferenziali e questo serve a permettere il mantenimento dell'organizzazione sociale e del suo funzionamento. L'isolamento dei sottosistemi richiede all'individuo di utilizzare delle relazionalità che sono differenti a seconda del sottosistema con cui deve interfacciarsi. In altre parole, il sistema formativo richiede alla persona l'utilizzo di un linguaggio, di un lessico specifico e di un'ideologia opportuna, che diventano inservibili nella relazionalità, ad esempio, con il sottosistema economico, che a sua volta richiede un altro linguaggio, un altro lessico specifico e un'altra ideologia distinta.

Ordine sociale e opposizione sociale

L'ordine sociale è mantenuto, inoltre, grazie al controllo dell'opposizione sociale, che viene incanalata in circostanze ben specifiche, allocata in spazi e tempi delineati. Ci si riferisce agli eventi sportivi, come le partite di calcio, o ai rave party o ai concerti in generale, dove si creano degli spazi che "*hanno lo scopo, attraverso un meccanismo catartico, di mantenere l'ordine e la stabilità sociale*" [6].

NOTE BIBLIOGRAFICHE E SITOGRAFICHE

1. Mondi, A. (2006). *Socializzazione e processi formativi.* Roma: Edizioni For. Com..

2. Mondi, A., *op. cit.*, pag. 11.

3. Mondi, A., *op. cit.*, pag. 11.

4. Citato in Mondi, A., *op. cit.*.

5. Citato in Mondi, A., *op. cit.*.

6. Mondi, A., *op. cit.*, pag. 31.

CAPITOLO QUARTO

LA PATOLOGIA DELL'INTERAZIONE SOCIALE NEI CONTESTI LAVORATIVI

4.1 Il mobbing

Secondo la direttiva del Ministro della Funzione Pubblica del 2004, citata in Alastra [1], volta a migliorare il benessere organizzativo all'interno di una pubblica amministrazione, in ogni contesto lavorativo bisogna assicurare alcuni parametri quali:

- "*un clima organizzativo che stimoli la creatività e l'apprendimento;*
- *contesti organizzativi che favoriscono gli scambi, la trasparenza e la visibilità dei risultati del lavoro, in ambienti dove esiste un'adeguata attenzione agli spazi architettonici, ai rapporti fra le persone e allo sviluppo professionale…;*
- *…miglioramento del sistema sociale interno, delle relazioni interpersonali…".*

Definizione di mobbing

Secondo la definizione di Ege [2] il mobbing è da considerarsi come un evento disfunzionale all'interno di un'organizzazione lavorativa, per cui si altera la comunicazione che esiste fra i vari membri. Tale alterazione può verificarsi fra colleghi oppure fra superiore e dipendenti. La persona o le persone che sono sottoposte a mobbing sono collocate in posizioni gerarchiche sempre più periferiche e nei loro confronti viene attuata una violenza psicologica diretta o indiretta, che ha la finalità di provocare il loro allontanamento volontario dal lavoro.

Nel mobbing, quindi, c'è un attacco continuo nei confronti della vittima, che causa delle pesanti conseguenze dal punto di vista psicologico.

Le varie forme di aggressione nel mobbing

Questa aggressione può verificarsi su più fronti, per cui si possono avere:

- critiche relative al lavoratore in quanto persona;
- giudizi negativi per la funzione che l'individuo svolge;
- disapprovazione relativa al ruolo che il singolo ricopre;
- attacchi verso lo status del lavoratore [3].

Le critiche relative al lavoratore come persona

Riguardo al primo punto, il lavoratore può diventare oggetto di:

- critiche estremamente negative relative alla sua persona o ai suoi familiari;
- burle pesanti e oltraggiose;
- rimproveri offensivi attuati davanti ad un pubblico (altri colleghi ecc.);

- pretese di compiti lavorativi irrealistici, fatte per far sentire la persona incapace;
- affidamento di mansioni mortificanti per individui affetti da invalidità;
- creazione di una reputazione lavorativa negativa [3].

I giudizi negativi per la funzione che l'individuo svolge

Relativamente al secondo punto, l'individuo può subire un attacco alle sue funzioni attraverso:

- ingerenze riguardanti lo svolgimento del lavoro assegnato;
- richieste di terminare i lavori assegnati in tempi non ragionevoli o in tempi dapprima indefiniti e poi stringenti;
- compiti da portare a compimento con indicazioni poco chiare e confuse, riguardo alle modalità di svolgimento;
- occultamento di documenti che possono essere utili alla persona per svolgere il suo lavoro;
- attribuzione di colpe, che l'individuo non ha commesso [3].

La disapprovazione per il ruolo che il singolo ricopre

L'aggressività contro il ruolo che la persona ricopre, può manifestarsi in diverse maniere:

- affidamento delle mansioni svolte fino ad allora ad un altro lavoratore meno qualificato;
- richieste di svolgimento di lavori non sintonici con il ruolo;
- trasferimento in sedi più disagiate senza un effettivo bisogno;
- collocazione in luoghi, che, dal punto di vista ambientale, sono invivibili (ambienti angusti, troppo caldi o troppo freddi) [3].

Gli attacchi verso lo status del lavoratore

Gli attacchi verso lo status si possono estrinsecare in diverse morfologie:

- esclusione dalle decisioni;
- depauperamento progressivo dei compiti affidati;
- sollecitazioni sempre più manifeste all'autolicenziamento.

Esistono nelle organizzazioni lavorative dei segni che possono indicare quanto il luogo di lavoro possa essere nocivo o benefico. Questi indicatori possono essere raggruppati, quindi, in due insiemi, ovvero indicatori di malessere e di benessere.

Gli indicatori di malessere

Fra gli indicatori di malessere sono da annoverare:

- frequenti episodi di aggressività fra i lavoratori;
- disaffezione per il lavoro;
- il vissuto di inutilità del proprio lavoro;
- aspirazione diffusa di cambiare lavoro;
- suddivisione dei compiti non ben delineata;
- sensazione frequente di non essere valorizzati per le proprie capacità e competenze;
- elevato assenteismo;
- pettegolezzi perenni;
- senso di estraneità nei confronti dell'organizzazione lavorativa [3].

Gli indicatori di benessere

Fra gli indicatori di benessere sono da ricordare:

- senso di appartenenza all'organizzazione;

- desiderio di impegnarsi;
- sensazione di partecipazione alle decisioni;
- frequente svolgimento di mansioni lavorative, a casa, nel tempo libero;
- basso tasso di assenteismo;
- relazioni interpersonali amichevoli [3].

Gli obiettivi per migliorare l'organizzazione lavorativa

Perché ogni organizzazione lavorativa possa diventare un luogo dove si possa sperimentare benessere devono essere perseguiti alcuni obiettivi quali:

- comprensibilità e trasparenza degli scopi che l'organizzazione si propone di raggiungere;
- riconoscimento e apprezzamento delle differenze individuali con ottimizzazione delle abilità e competenze di ciascun dipendente;
- libera circolazione delle informazioni all'interno dell'organizzazione;
- il dirigente deve essere in grado di gestire i conflitti fra i dipendenti in maniera imparziale e soprattutto attraverso la conoscenza delle tecniche di mediazione;

- all’interno dell’organizzazione devono essere implementati i momenti per il potenziamento delle relazioni interpersonali fra i dipendenti;

- devono essere prevenute quelle criticità che provocano stress, promuovendo dei carichi di lavoro che tengano conto dei limiti di ognuno;

- ogni dipendente deve sapere con chiarezza quali sono le variabili che consentono di avanzare nella carriera all’interno dell’organizzazione;

- le mansioni assegnate ad ognuno devono prevedere una certa dose di impegno, ma anche di gratificazione professionale [3].

NOTE BIBLIOGRAFICHE E SITOGRAFICHE

1. Alastra, V. (2008/09). *Psicologia delle organizzazioni*. Università degli Studi di Torino, Facoltà di Scienze Politiche, sede di Biella, pag. 22. http://www.cittastudi.org/flex/files/D.079b3f59cad66edc936a/BURN_OUT_BEN_ORG_MOB_08_09_cons.pdf.

2. Citato in Alastra, V., *op. cit.*.

3. Alastra, V., *op. cit.*.

4.2 Il burn - out

Lo stress

Si può definire stress la reazione di ordine fisico, mentale ed emotivo, che si verifica ogni qualvolta un individuo si confronta con conflitti, pressioni e sollecitazioni, che provengono dall'ambiente che lo circonda.

Eustress e distress

Di fronte ad una situazione di stress, il singolo può reagire in una duplice maniera:

- attraverso l'adattamento alla nuova condizione, rispondendo con risorse e strategie cognitivo - comportamentali idonee a fronteggiarla (in questo caso si parla di eustress o stress positivo);

- oppure soccombendo di fronte ad essa (in questo caso si parla di distress o stress nocivo).

La sindrome del burn - out

Le condizioni di stress cronico possono portare in chi svolge una professione, in cui hanno un ruolo rilevante le relazioni interpersonali e le loro problematiche (medici, psicologi, assistenti sociali, infermieri, insegnanti, forze dell'ordine, ecc.), all'insorgenza della sindrome del burn - out.
La parola burn - out è di derivazione anglosassone e significa essere bruciati, esauriti, scoppiati.

Alla base della sindrome del burn - out, secondo molti Autori, c'è il contatto continuo con le emozioni degli altri, situazione che crea una condizione di stress cronico. Infatti, l'essere umano possiede dalla nascita l'istinto simpatetico, ovvero la capacità di non rimanere indifferente di fronte alle emozioni altrui, e questo determina, in chi svolge una professione a contatto con i problemi degli altri, un carico emotivo eccessivo, spesso, difficile da gestire e fronteggiare [1].
La sindrome del burn - out si manifesta con una sintomatologia variegata, che comprende diversi sintomi.

I sintomi psicologici nel burn - out

Sintomi psicologici come:

- ansia;
- irritabilità;
- agitazione;
- depressione;
- riduzione dell'autostima;
- senso di colpa;
- sensazioni di fallimento;
- indifferenza emotiva;
- rabbia frequente;

- atteggiamenti paranoici;
- risentimento estremo [2].

I sintomi da somatizzazione nel burn - out

Sintomi da somatizzazione quali:

- cefalea;
- tachicardia;
- sudorazioni;
- insonnia;
- disturbi gastrointestinali;
- parestesie;
- tremori;
- frequenti raffreddori ed influenze [2].

Le reazioni comportamentali nel burn - out

Reazioni comportamentali quali:

- assenteismo;
- ritardi frequenti nel raggiungere il posto di lavoro;

- poca partecipazione al dialogo interpersonale;
- distacco emotivo dai problemi delle persone, con cui ci si relaziona;
- riduzione della creatività;
- utilizzo di comportamenti stereotipati nell'ambito lavorativo [3].

Lo stress degli operatori della formazione

Diverse ricerche hanno dimostrato che i docenti sono sottoposti ad una serie di sollecitazioni, che dipendono da diversi fattori, quali:

- le caratteristiche della professione (rapporti con gli alunni e i loro genitori, gestione di classi numerose, anni di precariato, necessità di aggiornarsi continuamente, conflitti fra colleghi);
- il maggior coinvolgimento degli studenti e dei loro genitori nella gestione delle scuole (decreti delegati, ecc.);
- il continuo succedersi di riforme, realizzate o annunciate, all'interno del sistema scolastico;
- il poco riconosciuto ruolo della professione (retribuzione inadeguata, risorse inesistenti, precarietà del posto di lavoro, scarsa considerazione da parte dell'opinione pubblica).

Il burn - out degli insegnanti

Lo "studio Getsemani", che ha messo insieme i risultati degli accertamenti sanitari per l'inabilità al lavoro, svolti dai Collegi Medici della ASL - Città di Milano dal 1992 al 2001, ha rilevato che i disturbi psichici risultano più frequenti fra gli insegnanti, rispetto agli altri dipendenti della Pubblica Amministrazione [4].
Nello specifico, la sindrome del burn - out fra gli insegnanti si manifesta con la seguente sintomatologia:

- affaticamento fisico ed emotivo;
- comportamenti distaccati e apatici nei confronti degli alunni e dei colleghi;
- senso di frustrazione;
- perdita della capacità di controllo, ovvero l'insegnante perde il controllo delle proprie risposte emotive, accedendo ad atteggiamenti impulsivi e violenti.

La classificazione del burn - out degli insegnanti

Farber [5] ha distinto tre tipi di burn - out:

- il burn - out frenetico, che si verifica quando l'insegnante di fronte allo stress intensifica il suo lavoro fino ad arrivare ad uno stato di prostrazione psicofisica;

- il burn - out da sottostimolazione, che si attua allorquando l'individuo percepisce l'insegnamento come un'attività monotona e ripetitiva, non più in grado di stimolarlo;

- il burn - out da scarsa gratificazione, che si manifesta nel momento in cui l'insegnante ritiene il proprio lavoro troppo stressante rispetto alla gratificazione che arreca.

I soggetti a rischio di burn - out fra gli insegnanti

Numerosi studi hanno messo in evidenza le caratteristiche dei soggetti, che hanno più probabilità di sviluppare una sindrome da burn - out.
Sono a rischio le seguenti categorie.

- Persone di sesso femminile, non coniugate, con un'età compresa fra i trenta e i quaranta anni, che non vivono una relazione affettiva stabile e hanno pochi impegni sociali, oltre il lavoro. Tendono a dirigere tutte le loro risorse e i loro pensieri al lavoro.

- Individui che appaiono introversi e hanno difficoltà ad accettare i cambiamenti.

La cura del burn - out

Secondo Farber [5] la cura del burn - out deve avvenire, in ambito individuale, attraverso un intervento psicoterapeutico, che deve porsi i seguenti obiettivi:

- ridurre gli aspetti idealizzati, connessi al lavoro, ristrutturando le aspettative, avvicinandole a dei livelli più realistici;

- privilegiare gli aspetti positivi del lavoro;

- aiutare l'individuo ad avere altri interessi al di fuori del lavoro;

- implementare la capacità di operare con gli altri per meglio fronteggiare lo stress lavorativo.

La prevenzione del burn - out fra gli insegnanti

Friedman [6] ha posto in rilievo, nella prevenzione del burn - out, l'importanza dell'attività formativa.
Secondo tale Autore la formazione deve avvenire a tre livelli:

- a livello professionale, organizzando corsi, per apprendere nuove tecniche nell'insegnamento e nella gestione dello stress, ad esso connesso;

- a livello interpersonale, attraverso momenti formativi, che hanno come oggetto le dinamiche relazionali;

- a livello organizzativo, promuovendo corsi per migliorare la capacità di condurre una classe e l'abilità di risolvere i problemi, che lungo la strada si presentano.

NOTE BIBLIOGRAFICHE E SITOGRAFICHE

1. Maslach, C., Leiter, M. P. (Ed. or. 1997). *Burnout e organizzazione.* Trento: Erickson, 2000.

2. Maslach, C. , Jackson, S. E. (1986). *Maslach Burnout Inventory Manual.* Palo Alto (CA): Consultino Psychologist Press.

3. Fontana, D., Abouserie, R. (1993). *Stress levels, gender and personality factors in teachers*, in “British Journal of Educational Psychology”, 63: 261 – 270.

4. Lodolo D’Oria, V., Pecori Giraldi, F., Vitello, A., Vanoli, C., Zeppegno, P., Frigoli, P. (2002). *Lo studio Getsemani.* Milano: Edscuola.

5. Farber, B. A. (2000). *Treatment strategies for different types of teacher burnout*, in “Psychotherapy in Practise”, 56 (5): 589 – 594.

6. Friedman, I. A. (2000). *Burnout in teachers: shattered dreams of impeccable professional performance*, in “Psychotherapy in Practise”, 56 (5): 595 – 606.

Titolo | Compendio di psicopedagogia sociale
Autore | Vincenzo Amendolagine
ISBN | 978-88-92691-19-3
Prima edizione cartacea: 2017

Youcanprint
Via Roma 73 - 73039 Tricase (LE)
info@youcanprint.it
www.youcanprint.it

youcanprint

Finito di stampare nel mese di Novembre 2017
per conto di Youcanprint